海南省高等学校教育教学改革研究项目（项目号

高等师范音乐教育声乐教学改革研究

王丽英◎著

吉林出版集团股份有限公司
全国百佳图书出版单位

图书在版编目（CIP）数据

高等师范音乐教育声乐教学改革研究 / 王丽英著. -- 长春：吉林出版集团股份有限公司，2024.3
ISBN 978-7-5731-4812-4

Ⅰ.①高… Ⅱ.①王… Ⅲ.①高等师范院校—音乐教育—教学改革—研究—中国 Ⅳ.① G659.22

中国国家版本馆 CIP 数据核字（2024）第 079771 号

高等师范音乐教育声乐教学改革研究
GAODENG SHIFAN YINYUE JIAOYU SHENGYUE JIAOXUE GAIGE YANJIU

著　　者	王丽英
责任编辑	蔡大东
封面设计	李　伟
开　　本	710mm×1000mm　　1/16
字　　数	200 千
印　　张	12
版　　次	2024 年 8 月第 1 版
印　　次	2024 年 8 月第 1 次印刷
印　　刷	天津和萱印刷有限公司

出　　版	吉林出版集团股份有限公司
发　　行	吉林出版集团股份有限公司
地　　址	吉林省长春市福祉大路 5788 号
邮　　编	130000
电　　话	0431-81629968
邮　　箱	11915286@qq.com
书　　号	ISBN 978-7-5731-4812-4
定　　价	72.00 元

版权所有　翻印必究

前　言

音乐是一门听觉艺术，声乐是以人声演唱的形式表现出来的听觉艺术。声乐艺术，不仅通过词曲诠释作品的主旨，还通过演唱者的二次创作进一步表现作品的情感。因此，作为声乐艺术的组成部分，声乐教学在实现声乐作品更高的艺术审美价值上显得愈发重要。加强声乐教学的研究是对声乐艺术理论的进一步完善，有利于演唱者声情并茂地表现作品，也有利于挖掘演唱者内在的音乐潜能。

高校实施音乐教育是我国在文明和经济都高速发展的背景下培养高素质人才的客观要求，是普通学校音乐教育的进一步发展。声乐课是高等师范院校音乐学院（系）音乐表演专业、音乐教育专业的必修课程，是既重视通过理论讲解和实践训练使学生建立科学的声乐理念、掌握科学的歌唱技能技巧，又强调通过理论讲解和实践训练使学生掌握音乐基础理论知识和技能、了解和适当掌握人文等相关领域知识的声乐艺术教育。因此，声乐教学必须明确声乐理论与技能技巧学习的关系、声乐教学改革的必要性。

基于此，特撰写了《高等师范音乐教育声乐教学改革研究》一书，旨在通过对声乐教学的梳理，为声乐教学的发展提供理论上的借鉴。本书在对高等师范音乐教育声乐教学改革进行研究的过程中，运用了联系和发展的观点，对声乐教学方法和声乐教学内容进行了较深入的探究。从单一的教学理念、教学模式和教学方法中走出来，从传承红色文化、少数民族音乐中深化爱国情怀、传承与保护民族音乐文化。

本书共分为六章。

第一章主题为声乐教学的概述，分为三节：声乐教学的内涵、声乐教学的原则、声乐教学的发展。

第二章主题为高等师范音乐教育声乐教学的概述，分为三节：高等师范音乐教育声乐教学的内容、高等师范音乐教育声乐教学的教材、高等师范音乐教育声乐教学的过程。

第三章主题为高等师范音乐教育声乐演唱技能的训练，分为三节：高等师范音乐教育歌唱呼吸技能的训练、高等师范音乐教育歌唱发声技能的训练、高等师范音乐教育歌唱共鸣技能的训练。

第四章主题为高等师范音乐教育声乐教学改革的探讨，分为三节：高等师范音乐教育声乐教学的现状、高等师范音乐教育声乐教学改革的必要性、高等师范音乐教育声乐教学改革的策略。

第五章主题为高等师范音乐教育声乐教学改革的措施，分为三节：高等师范音乐教育声乐教学理念的改革、高等师范音乐教育声乐教学模式的改革、高等师范音乐教育声乐教学方法的改革。

第六章主题为高等师范音乐教育声乐教学内容的改革，分为两节：红色音乐文化的传承与发展、传统音乐文化的传承与发展。

在撰写本书的过程中，作者参考并引用了一些学术著作和学术论文，汲取了很多有益的成果，也得到了许多专家学者的帮助和指导，在此表示真诚的感谢。由于作者水平有限以及客观条件的限制，书中难免会有疏漏之处，在此真诚地希望广大读者给予指正。

王丽英
2023 年 12 月

目 录

第一章 声乐教学的概述······1
    第一节 声乐教学的内涵······3
    第二节 声乐教学的原则······10
    第三节 声乐教学的发展······16

第二章 高等师范音乐教育声乐教学的概述······33
    第一节 高等师范音乐教育声乐教学的内容······35
    第二节 高等师范音乐教育声乐教学的教材······44
    第三节 高等师范音乐教育声乐教学的过程······47

第三章 高等师范音乐教育声乐演唱技能的训练······55
    第一节 高等师范音乐教育歌唱呼吸技能的训练······57
    第二节 高等师范音乐教育歌唱发声技能的训练······69
    第三节 高等师范音乐教育歌唱共鸣技能的训练······81

第四章 高等师范音乐教育声乐教学改革的探讨······89
    第一节 高等师范音乐教育声乐教学的现状······91
    第二节 高等师范音乐教育声乐教学改革的必要性······92
    第三节 高等师范音乐教育声乐教学改革的策略······95

第五章　高等师范音乐教育声乐教学改革的措施……………107
　　第一节　高等师范音乐教育声乐教学理念的改革…………109
　　第二节　高等师范音乐教育声乐教学模式的改革…………113
　　第三节　高等师范音乐教育声乐教学方法的改革…………140

第六章　高等师范音乐教育声乐教学内容的改革……………151
　　第一节　红色音乐文化的传承与发展………………………153
　　第二节　传统音乐文化的传承与发展………………………165

参考文献……………………………………………………………179

后　　记……………………………………………………………185

第一章　声乐教学的概述

最原始的音乐是声乐。声乐是人类劳动的结果，是以人声演唱的形式表现出来的听觉艺术。声乐教学是声乐艺术的重要组成部分，教学内容由理论和实践组成。在教学过程中，由于声乐不像器乐那样直观，可以手把手地教，所以在自然科学基础上建立科学的声乐理念、掌握科学的歌唱方法就显得尤为重要。本章主题为声乐教学的概述，着重研究声乐教学的内涵、声乐教学的原则、声乐教学的发展。

第一节 声乐教学的内涵

一、声乐教学的性质与本质

(一)声乐教学的性质

1. 声乐教学的高层次性

21世纪,在我国社会文明和经济高速发展背景下,声乐教学在实施高校音乐教育以后得到了快速发展。高等师范音乐教育专业的人才培养目标通常是中小学音乐教师,人才培养方案的课程设置相较于普通学校则更完善,这是学校教育连续性的必然规律。在此基础上,声乐的教学对象通常是大学生,教学内容通常融科学性、经典性、文化性、思想性、国际性于一体,师资的教育背景、教育教学水平和教科研能力考核等都体现出了高层次性。

2. 声乐教学的综合性

声乐教学的综合性,区别于片面提倡声乐技能技巧而忽视声乐艺术本质和音乐文化的学习。例如,基础音乐理论课包括《乐理》《视唱》《和声》《曲式分析》《音乐史》等。人类的文化、艺术等学科的发展都不是孤立的,都必须有相关学科的支撑才能科学地发展。声乐教学的发展需要交叉学科的支撑,如嗓音解剖学与生理学、声音动力学、文学、史学、美学、表演学等。除此之外,还有不同语言、不同唱法、不同风格的综合性特征。

3. 声乐教学的技能性

声乐学科是技能性较强的学科,声乐教学是建立在自然科学基础上的歌唱技能技巧实践的教与学。例如,歌唱呼吸中的吸气环节,对初级程度的学生强调像"闻花"一样吸气,是利用人的感知觉神经和生活中的经验获得歌唱技能训练中吸气的正确体验,进而形成科学的歌唱技能。建立在自然科学基础上的科学的歌唱技能,不仅可以规避声乐学习过程中"只知其然而不知其所以然"的问题,而且能够保证嗓音的健康与卫生。

（二）声乐教学的本质

1. 声乐教学是一门艺术，也是一门科学

美国纽约市立大学的嗓音和咬字荣誉教授菲尔兹（Fields）博士在《歌唱艺术之基础》一书中指出："就其创造性而言，歌唱可以被视为一种艺术。按照这样的看法，歌唱的价值在于产生具有想象力和艺术趣味的表现形式，这样做纯然是为了愉快享受。从歌唱教学观点来看，歌唱可以被视为既是一门艺术，又是一门科学。因此教师要既创造性地又有分析地处理问题。作为一门艺术，歌唱像人类一样古老，歌唱是为了自我表现，释放被抑制的感情，交流感触很深的情绪。但是作为一门科学，要描述和分析所观察到的歌唱情况，从构成这些情况的原因到它们的效果，方法是远远不够的，需要进一步探究。大体上可以这样说，艺术是为艺术本身创作，和创作出的客体的实际效用没有关系；而科学，则是比较实用且易于说明的。科学试图分析艺术而不侵犯艺术的本质之美和艺术效果。从根本上来说，科学指导人们去理解，艺术告诉大家去做。教师是先行者，他关心的是科学的解释、描述和分析、定义和示范。"因此，从这个意义上讲，声乐教学既是科学又是艺术。

2. 声乐教学法与声乐教学艺术的关系

声乐教学是师生互动、共同完成教学任务的活动。声乐教学法是为了完成声乐教学任务，教师采用的教的方法与教师指导下学生采用的学的方法是实现教学任务的手段。声乐教学艺术是师生遵循教学规律，创造性地利用各种教学变向培养人、塑造人的艺术。探讨声乐教学法与声乐教学艺术之间的关系，实质上是探讨声乐教学的科学性与艺术性之间的关系。吉尔伯特·海厄特（Gilbert Highet）在《教学的艺术》一书中论述了教学不应是冷若冰霜的，因为"教学包括感情和人的价值，而感情是不能被系统地评价和运用的，人的价值也远远超出科学的范畴"。教学方法是教学理论的重要组成部分，具有科学性。教学艺术是教学方法的升华，是综合运用教学方法的结果，不是纯艺术活动。从教学方法对教学艺术的作用来看，教学方法是教学艺术的基础，没有教学方法的指导就没有教学艺术，二者不是等同关系。

3. 声乐教学思想与声乐教学艺术的关系

教学思想在长期的教学实践中产生，并用以指导教学实践，其形成是一个不断修正、完善、发展的过程，是教学规律的具体体现。声乐教学思想亦然，是对声乐教学及其规律的认识，包括教学目标、教学内容、教学方法、教学过程的本质、教与学的辩证关系等，是声乐教育理念的具体体现。声乐教学思想决定声乐教学的方向和行为，直接影响声乐教学的效果，是声乐教学走向成功的关键。教学艺术在教学过程中表现出创造性、审美性等特征，以整合的方式发挥其陶冶、转化等教育功能，并与其他艺术形式有着密切的联系。声乐教学艺术亦然，属于声乐教学实践的范畴，并与教师的教学思想（如世界观、人生观、价值观、审美情趣等）相关，是教学思想的体现。因此，声乐教学思想与声乐教学艺术是理论与实践的关系，声乐教学艺术反映声乐教学思想，声乐教学思想指导声乐教学艺术实践。

二、声乐教学的目的与要求

（一）声乐教学的目的

1. 提高全民素质

声乐教育具有教育和美育的作用。儒家学派创始人孔子认为音乐具有"成人"与"为邦"的教育作用。"成人"即通过音乐去塑造人、感化人，使人弃恶从善，建立起崇高的品格；"为邦"则通过音乐为政治服务，把音乐用于国家社会的建设上，对社会民众进行改造，即所谓"以乐治国""移风易俗"。美育又称审美教育，包括审美形态教育和美感教育。审美形态教育培养人对千变万化的美的形态和结构的鉴赏能力，美感教育主要建立人们健全的审美心理结构，包括感觉、知觉、情感、想象、理解等心理能力的提高和相互协调。美育的目的是培养具有完整个性、健康人格的人。正如德国美学家席勒（Schiller）说的，使"自然的人"上升到"道德的人"。[①] 美育的中心是情感教育，就是使人具有健康高尚的情感。而声乐教育正是以情感人、以美育人的高尚艺术教育。

---

① 弗里德里希·席勒. 审美教育书简 [M]. 冯至, 译. 上海：上海人民出版社，2022：60.

声乐教育具有凝聚和激励的作用。列宁（Lenin）曾说："一个有觉悟的工人，不管他来到哪个国家，不管命运把他抛到哪里，不管他怎样感到自己是异邦人，言语不通，举目无亲，远离祖国，他都可以凭借《国际歌》的熟悉曲调，给自己找到同志和朋友。"[①] 音乐是无形的、抽象的，是用不同节奏、不同时值的音符和休止符组成的人类对客观事物感受的一种形式。音乐是心灵感受的反映、心理感情的摹写、社会现实的折射、人类交往中最直接的语言，能够在最短的时间里把不同年龄、不同经历、不同性别、不同阶层、不同民族的人凝聚在一起。例如，抗战时期的《义勇军进行曲》使不同年龄、不同性别、不同阶层、不同民族的中国人组成最广泛的统一阵线，同仇敌忾，抗击日本帝国主义的侵略并取得抗日战争的胜利。声乐教育的这些功能是因为作品与欣赏者的界限消失了，作品深入人心与主体合二为一。可见，音乐是最富感情的艺术。

声乐教育具有智力开发和提高素养的作用。法国作家维克多·雨果（Victor Hugo）曾说："开启人类智慧宝库有三把钥匙，一是数字，二是文字，三是音符。"[②] 这是因为人的认知能力首先是通过听觉和视觉产生。音乐具有情感交流的功能，传递情感的信号可使大脑皮层进入激活状态，从而形成一种超像思维。超像思维和逻辑思维的相互作用可使大脑活跃，由此产生丰富的想象力和创造力。

美国加州大学的科学家通过实验证明，听古典音乐可以提高人的智力。对36名学生进行了有关实验，实验分三个阶段：先静思10分钟，然后是第一阶段播放莫扎特（Mozart）的钢琴曲，第二阶段播放轻音乐，第三阶段什么音乐也不放。结果表明：第一阶段后学生的智商普遍提高9%。[③] 保加利亚的洛扎诺夫（Lozanov）博士以医学和心理学为依据对一些乐曲进行了研究，发现巴赫（Bach）、亨德尔（Handel）等人的慢板乐章能消除大脑的紧张，容易使人进入冥想状态。继而，他让学生听节奏缓慢的音乐读出需要记忆的材料，实验证明：用这种方法

---

① 江苏五院校.马克思 恩格斯 列宁 斯大林文艺论著选读[M].南昌：百花洲文艺出版社，1990：20.
② 夏多多，许莲花.雨果美学思想研究[M].长沙：湖南师范大学出版社，2015：32.
③ 崔晓雷.利用古典音乐开发学生智力的方法[J].艺术大观，2021，(13)：103-104.

学习能够在 4 个月内完成一般学生两年才能学完的课程。①1977 年，洛扎诺夫来到美国传授这种方法，加利福尼亚、华盛顿等地的实验表明：此学习方法能将学习效率提高 7 倍，因此被称为"超级学习法"。②音乐的这些功能，是因为音乐包括声乐学习可以培养人丰富的想象力、深刻的理解力、优秀的记忆力、大胆的表现力、沉稳的控制力、杰出的组织能力等。这些能力的培养，对提高全民素质起着重要的作用。

2. 培养专业人才

高校设置音乐专业，声乐作为一个专业或学科，是为了培养专业性人才。我国从 20 世纪 20 年代就在文科大学设置了第一批音乐教育的系科。例如，1919 年，成立了私立上海专科师范学校音乐系，后改称上海艺术专科师范学校；1920 年 9 月，成立了北京女子高等师范学校音乐专修科；1922 年，成立了由北大音乐研究会改组的音乐传习所；1926 年，成立了北京艺术专门学校音乐系、上海美专音乐系、上海艺术大学音乐系等。在蔡元培的支持和萧友梅的努力下，于 1927 年 11 月 27 日在上海成立了我国第一所体制完善的国立音乐学院，后改称"国立音乐专科学校"。

这些音乐系科的建立，为我国音乐教育事业的发展奠定了基础。在这里任教的中外声乐专家有周淑安先生、俄籍男低音歌唱家苏石林教授、留美归国的应尚能教授等，培养出了喻宜萱、斯义桂、周小燕、沈湘、郎毓秀等第一批歌唱家和声乐教育家，为我国声乐教育的发展作出了卓越贡献。20 世纪五六十年代，声乐教育家沈湘先生为我国培养出了郭淑珍、李晋玮、金铁霖等一大批歌唱家和声乐教育家；20 世纪 80 年代，又培养出了刘跃、范竞马、程志、黑海涛等在国际声乐比赛中获奖的歌唱家。20 世纪下半叶为我国声乐教育事业作出卓越贡献的代表有喻宜萱、周小燕、郭淑珍、金铁霖、蒋英、黎信昌、王炳瑞等。1982 年，中国中央电视台开始举办全国青年歌手电视大奖赛，数以千计的青年歌手通过银屏向全国乃至世界展示中国声乐教育事业的蓬勃发展。

---

① 陈丽君，黄美林，蒋销柳，等. 听古典音乐真的会变聪明吗？基于广义莫扎特效应的元分析 [J]. 心理科学进展，2023，31（12）：2232-2262.

② 李宪奇. 拉扎诺夫学习法述评 [J]. 安徽教育学院学报（哲学社会科学版），1996，（1）：89-98.

（二）声乐教学的要求

1. 不同学程的声乐教学要求

由于人与人在艺术天赋和追求的个体差异以及国内就业市场对音乐艺术人才的需求，不同性质的高等院校和不同音乐艺术人才培养目标的专业成立了。高等师范音乐教育专业人才培养目标通常是中小学音乐教师，声乐教学要求本科学生每学年必唱曲目不少于 8 首，不同年级声乐教学的具体要求不同。

（1）一年级的教学要求

①了解歌唱运动原理，建设积极的歌唱心理。

②掌握正确的歌唱姿势、呼吸方法，养成良好的歌唱习惯。

③以自然声区为基础，着重练习中声区，体会混声唱法的科学性。

④严格要求学生音准、节奏等音乐基础理论和技能的学业水平。

⑤加强声音辨识力的训练，培养声音的审美能力。

⑥作品以初级程度为主（不限中外），必唱曲目不少于 8 首。

（2）二年级的教学要求

①掌握以气带声，体会歌唱技能的着力点和共鸣。

②巩固中声区，着重训练中、高声区的过渡，拓展音域。

③严格要求学生音准、节奏等音乐基础理论和技能的学业水平。

④加强声音辨识力的训练，培养声音的审美能力。

⑤掌握以情带声，体会声音流动性和强弱等对比训练。

⑥作品以中级程度为主（不限中外），必唱曲目不少于 8 首。

（3）三年级的教学要求

①掌握以气以情带声，体会歌唱技能技巧的协调性、音乐的流动性。

②巩固声区统一，着重练习高声区，体会说唱结合的重要性。

③严格要求学生对谱子的学习，着重积累文化素养和艺术修养。

④加强作品完整性和音乐性的训练，培养歌唱张力和表现力。

⑤作品以中、高级程度的中国作品为主，必唱曲目不少于 8 首。

（4）四年级的教学要求

①第一学期通常安排校外教育实习。

②第二学期通常安排毕业音乐会、毕业论文答辩，要求 12 首曲目。

2. 与关联学科的声乐教学要求

声乐教学要建立在音乐基础理论课和技能课的基础上。严格要求学生的音准、节奏等，实际是引导学生学好基本乐理、视唱练耳、和声、曲式分析等音乐基础理论课和技能课，逐步具备识谱、唱谱、曲式分析等能力，从而能够准确地演唱作品所要求的规格，为继续学习声乐打下坚实的基础。周小燕曾说："在声乐学习中，耳朵（听觉）的训练与发声的训练同等重要。"[①] 耳朵对声音有了辨识能力，不仅能够提高歌唱技能技巧，而且还能提高演唱能力、音乐审美水平。因此，教师要引导学生不仅用嗓子唱，还要用耳朵听、用大脑分析，辨别歌唱技能技巧的正误、歌唱水平的高低。学生只有具备了分析问题的头脑和辨识声音正误、优劣的"音乐耳朵"，才能真正提高自己的歌唱水平。

声乐教学要建立在歌唱技能训练与声乐理论所涉及的交叉学科有机结合的基础上。在声乐教学中，提高学生歌唱技能是教学目标之一，学习声乐理论交叉学科知识，例如嗓音解剖学和生理学，是为声乐学习提供科学的理论指导；提高学生的歌唱修养是教学目标之一，实质是提高学生对声乐作品内容、思想感情的理解，它建立在学生的文化素质基础之上，例如文学、史学。文学是文化的主要载体，史学与文学又是相互渗透、相辅相成的整体，所以中国的许多历史著作同时也是文学著作，例如《项羽本纪》中的"鸿门宴""四面楚歌"，《廉颇蔺相如列传》中的"完璧归赵""将相和"等故事，都是历史与文学的完美结合。这种优秀的传统延续至今，例如史学家吴晗，不仅著有《朱元璋传》等历史著作，而且还创作出京剧《海瑞罢官》；史学家、文学家、诗人、作家郭沫若，不仅著有《中国古代社会研究》等历史著作，而且还创作出历史剧《屈原》《虎符》《棠棣之花》《蔡文姬》等；再如电视剧《三国演义》的片头曲《滚滚长江东逝水》，是男中音经典声乐曲目，学生要了解该作品的词曲作者、主旨、调式调性等等，更要了解它出自明代词人杨慎的一首咏史词《临江仙·滚滚长江东逝水》，而非原著中的文字。

---

① 陈建彬.周小燕声乐艺术理论及其思想研究 [M].上海：上海音乐学院出版社，2019：80.

第二节 声乐教学的原则

一、声乐教学的一般原则

（一）理论与实践相结合的原则

理论与实践是相辅相成的辩证关系，二者缺一不可。实践是理论的基础，理论对实践有指导作用。由于声乐学科是以歌者的身体为乐器，在教学过程中看不到、摸不到它，所以教学用语常常是通过比喻、类比等修辞手法来描述它。在科学技术水平低下时，声乐教学主要通过"口耳相传"的方式开展；随着科学技术的发展，声乐教学在总结前人经验的基础上，不断汲取现代科学技术成果，使抽象实现具象。例如1804年，从生理学角度描绘杜普蕾（Dupre）倡导的"掩盖"唱法的《关于歌声的研究报告》；1855年，随着人体解剖学的发展，加西亚（Garcia）发明了喉镜，它是嗓音科学进入现代声乐教学及科研的标志，推动声乐教学从感性、经验教学法向理性、科学的方向发展。

（二）形象直观的原则

1. 示范与模仿

声乐学科通过理论讲解能够使学生了解歌唱运动的原理，但实践过程却需要大量的、反复的示范与模仿。教师通过图示讲解、直观地范唱，可以准确、形象、生动地把"抽象"的声音具体化、形象化，给学生以视觉、听觉上的直接感受。同时，学生还能从教师的讲解和范唱中近距离地、深刻地理解作品的思想内涵与情感。作为课堂教学的主导——教师首先需要从本科生入学的专业复试的集体测评到课堂相对充分地了解学情，然后让学生通过模仿的方法唱出不够理想的地方，最后和学生在范唱与模仿之间反复对比、分析，使学生获得正确的歌唱技能的感性认知。这是一个在示范中实践原理，在模仿中对比对错和探讨其背后的技术要领的过程，是从感性到理性认知的主要教学手段，能使学生正确理解、感受、掌握科学的歌唱原理和歌唱方法。

2. 比喻启发式

声乐教学中，教师会通过各种形象比喻启发、引导学生学习，使抽象的声音更具体。例如，声乐教育家金铁霖先生在启发学生寻找通畅的歌唱声音时，常把人体发声器官比喻成管乐器，强调发声器官在歌唱中构建"通道"。[①] 例如，声乐教育家沈湘先生在教学中，"常把字比喻成珍珠，把气息比喻成串珍珠的线，从而使学生在形象的比喻中获得声气结合歌唱技术的启示"。[②] 教师还可以用手势、表情等方法启发学生，使教学过程变得深入浅出。例如，声乐教育家周小燕先生，她常常把手平放于小腹前以提示学生的气息位置、用拇指向上竖起以提示学生的后咽壁要竖起、用手掌做弧形以提示学生的上颚要自然抬起，进而解决歌唱过程中歌唱机能相互间协调配合的问题；国内外声乐教师，常用"闻花"解决歌唱呼吸中吸气的问题，用"打哈欠"调动无知觉歌唱机能积极参与歌唱运动；等等。

3. 利用现代科技

科学技术的进步推动了教学活动的进步。通过汲取现代科学技术成果，声乐教学的理念、方法、内容等呈现多元化的发展。例如，声乐的发音体是声带，且置于喉内，我们看不到、摸不到它，现在通过显微镜可以一目了然地观察到它的形状、颜色、大小，声带是声部划分的科学依据，通过了解它的发声原理、发不同音和发不同高音时的运动过程和声带闭合情况，我们也解决了声气结合的歌唱技术问题。例如，聆听音视频资料，有利于扩大视野、歌唱修养的培养、曲目量的积累等；聆听一个作品的不同版本，有利于提高声音的辨识能力、歌唱技能技巧的学习能力等。同时，鼓励学生录制自己的学习过程，从实践者变为旁观者、鉴赏者，有利于学生更直观地发现自己的优缺点，有自我学习的作用，例如，减少错误的重复率。一个学科的存在和发展都会涉及关联学科、交叉学科的支撑，利用现代科技成果可促进声乐教学的科学化发展，并最终实现高等师范音乐教育声乐教学质量的科学评估。

---

① 金铁霖.金铁霖声乐教学访谈录[M].北京：人民音乐出版社，2011：42.
② 李晋玮.沈湘声乐教学艺术[M].北京：中国广播电视出版社，2008：18.

（三）循序渐进的原则

捷克教育家夸美纽斯（Comenius）曾说："应当循序渐进地学习一切。"[①] 于声乐教学而言亦是，这是由声乐教学的科学性与艺术性、知识性与技能性、系统性与特殊性决定的。在声乐艺术中，歌唱者既是"乐器"，又是乐器的演奏者、演奏水平的鉴赏者。因此，在声乐艺术学习过程中需要歌者从这三个方面循序渐进地学会了解自己、客观评价自己。在声乐教学过程中，教师需要引导学生从理论和实践两个方面循序渐进地了解、实践和掌握歌唱理论、技能技巧、表现力等。例如，对初级程度的教学对象，教师首先通过理论讲解梳理发声系统的构造与歌唱运动的原理，然后从发声练习的站姿、呼吸、三至五度音程的连音练习曲、初级程度的声乐作品开始引导循序渐进地练习，可谓"不积跬步无以至千里"。例如拓展音域，通常是从自然声区开始练习，然后从中、低声区过渡的练习到中声区的练习，再从中、高声区过渡的练习到高声区的练习，循序渐进地获得声区统一，继而实现音域拓展。例如教学曲目，学生容易出于急于求成的心理选择情感张力大的作品，作为教师要有同频共振的能力去理解学生，但一定要按照循序渐进的原则安排必唱曲目，因为盲目地选择高难度曲目会适得其反，甚至会影响到嗓音的健康与卫生。

（四）专业培养与素质教育相结合的原则

素质概念源自生理学，是有机体与生俱来的生理特点，主要指神经系统尤其是大脑及感觉器官、运动器官的特点，是能力形成和发展的前提。人的素质的根本理论主要有五种观点：一是"要素说"，认为人的素质是由品德、智力、体力等要素组成的；二是"构成说"，认为人的素质是由自然生理素质（先天遗传）、社会文化素质（后天习得）和心理素质（个性品格）构成的；三是"开展说"，认为人的素质是由三个开展阶段形成，即由心智全面开展（观察、记忆、思维、想象、实现能力等）到身心全面开展（生理与心理的统一），再到个体与社会协调开展（形成思想、能力、品格等）；四是"能力说"，认为人的素质不是各因素

[①] 邹霞. 对夸美纽斯《大教学论》之解读 基于二十一世纪的教育技术学视角 [M]. 西安：西安交通大学出版社，2017：77.

静态的总和，而是动态的，其中任何一个因素的变化都会影响整体素质的变化，并且认为素质是能力（事实上，能力只是素质的外在表现）；五是"统一说"，认为人的素质是其构成要素的"质"与"量"的统一，动态与静态的统一，具有整体性、社会性和适应性。总之，人的素质指的是人在先天遗传基础上通过后天教育和社会实践活动开展而形成的人的主体性品质，即人的品德、智力、体力、审美等方面品质及其表现能力的系统整合。本书中的素质是社会学、教育学的概念，是公民或专门人才的根本品质，例如国民素质、民族素质、教师素质等，是在后天生活环境和教育影响下形成的，是一个人从事某一工作必备的条件。国家教委主任朱开轩曾指出："素质教育从本质上说，是以提高全民族素质为宗旨的教育，是为实现教育方针规定的目标，着眼于受教育者群体和社会长远发展的要求，以面向全体学生、全面提高学生的根本素质为根本目的，以注重开发受教育者潜能、促进受教育者德智体诸方面生动活泼地发展为根本特征的教育。"[①] 专业培养包括专业培养目标、课程设置、就业方向等方面。声乐课通常是高等师范音乐教育专业的必修课，声乐教学目标、内容与专业培养息息相关，声乐教学内容融合素质教育，对全面培养和提高大学生的素质，如国民素质、民族素质具有巨大作用。例如20世纪50年代，由麻扶摇作词，周巍峙作曲的声乐作品《中国人民志愿军战歌》，激励多少中华儿女毅然决然地投身到抗美援朝保家卫国的战争中；20世纪80年代，由黄霑作词、王福龄作曲的声乐作品《我的中国心》，唤回了多少海外游子报效祖国母亲。

二、声乐教学的特殊原则

（一）统一要求与因材施教相结合的原则

统一要求与因材施教相结合的原则，是依据每一位学生的学情，如生理条件、歌唱水平、心理素质、文化素养、音乐修养、学习能力、唱法喜好等方面都各有不同而提出的。这些个体差异和个性特点，首先要求教师尊重学情，其次要求教师在教学过程中不仅能够按照教学大纲的要求对学生实施统一的教学，还要能够

[①] 朱开轩论素质教育 [J]. 中国远程教育，1997，（9）：63.

根据学生的具体情况在教学方法、进度、深度等方面有的放矢地制定教学计划和方案，不能千篇一律。

统一要求与因材施教相结合的原则，是从实际出发实事求是的原则。因材施教，例如在练声曲、教学曲目的选择上，根据学生的实际情况取长补短，同时还要善于发现和注重发扬学生的优势，为他们将来的演唱风格奠定基础。在这一点上，上海音乐学院声乐王品素教授为我们作出了表率。王品素教授在培养才旦卓玛、冯健雪、牛宝林等学生时，没有因为自己学习和教授西洋唱法就采取统一的教学模式，而是保持学生所在地域文化特色和民族风格的基础上充分发挥他们原有的嗓音特质，运用中西结合的教学方法提高学生的歌唱能力，使他们成为各具特色并深受广大听众喜爱的歌唱家。每当我们听到才旦卓玛演唱的《翻身农奴把歌唱》、冯健雪演唱的《叫一声哥哥你快回来》、牛宝林演唱的《走西口》时，都会情不自禁地对王品素教授肃然起敬。[①]

（二）启发性与自觉性相结合的原则

启发性与自觉性相结合的原则，是基于声乐学科本身的特点，结合学生身心的发展特点和认知规律而提出来的，反映了声乐教学过程中双边活动的基本规律。声乐教学与其他学科教学的不同点在于，声乐是看不到、摸不到的听觉艺术，是集科学性与技术性、思想性与艺术性为一体的学科，是建立在自然科学基础上的技能课，是一对一或一对多的小课型授课方式，是从"无知状态下的自然歌唱"到"有知状态下的自然歌唱"，是"主观声音"与"客观声音"存在巨大差异的师生合作性极强的双边教学。启发性是根据教学目的、内容、学生的知识技能水平和认知规律，采用启发诱导的办法传授知识和技能，激发学生积极主动地、有创造性思维地学习。自觉性是学生自觉自愿地执行，是在信念基础之上，由责权意识引发形成的自我效能感与利己心理的对立统一体，激发学生的学习动机。对于声乐学科的教学，启发性与自觉性相结合显得尤为重要。

声乐教学是教师教授学生知识和技能，主要指知识的复制、加工和传递。但

---

① 邹彦，吴欣怡."你是陕西的冯健雪"——冯健雪谈恩师王品素先生[J].歌唱艺术，2022，(3)：51-56.

这并不意味着教师是知识和技能的搬运工,其中有教育者本身对知识和技能的理解及其具备的教学方法、教学艺术。教师是教学的主导,学生是教学对象,是教学主体,是处于成长中的人,在教师指导下的学习过程虽不完美,但他们具有巨大的潜力。声乐教学过程中,教师在正确的教学思想、科学的声乐理念、明确的教学观点、合理的教学要求基础上,通过大量启发性教学指导学生接受科学的、系统的、规范的声乐理论知识和技能;学生则需要细心领会教师的意图,自觉开展反复实践,使教师的要求在自己身上实现。课上的反复实践,是学生通过教师的启发、纠正后,学生再实践的反复过程;课后的反复实践,是学生通过自己的自觉性和对课堂新知识、新技能的记忆开展的反复实践,从而提高自己对声乐理论的理解和歌唱实践的能力。这个过程是声乐学习的必由之路,这对于身心处于发展的学生来讲是枯燥的、乏味的、漫长的,学生会产生厌倦情绪,甚至是逆反心理。例如,学生的原有认知与新知识、新技能之间出现认知冲突时,学生会产生心理不平衡,进而产生逆反心理抵触教学活动的干预。实践证明,说教灌输等教学方式不能从根本上解决学生懒惰、厌倦情绪和逆反心理等问题,但启发性教学可以激发学生的好奇心并使其投入学习,进而使学生接受教学活动刺激,并主动转变原有认知。

(三)传授与创新相结合的原则

知识、技能的传授与创新精神、能力培养相结合的原则,体现了当代教育学的研究成果。声乐教学中知识与技能的传授,是学生认识声乐学科的特点和规律,掌握声乐基本理论知识和科学的歌唱技能的保证。实践证明:一个人的成功,知识和技能不是决定性因素。尤其是第四次教育革命从工业社会向信息社会转变以来,信息在迅猛增长,知识在无限突破,技能在不断更新。一个人如何避免因日益膨胀的知识和信息而被淘汰?关键在于人如何运用知识和技能为社会服务,并随着社会发展而不断更新知识和技能。这是创新精神和创新能力的具体体现。

创新是一种生活方式,不只是从无到有的创造发明,还是对已有成果的改进和完善;不只是灵光乍现的顿悟,更是年复一年的积累。精神是人的素质的本质,能力是一个人处理事物的态度和认知水平。创新精神和创新能力主要体现在感知能力、表现能力、鉴赏能力和创造能力上。教师在传授知识和技能的过程中，设计符合学生认知规律的、适合学生认知程度的内容，但必须是学生通过自己的细心倾听、观察、对比和逻辑思维发现问题，教师才能引导和启发学生找到解决问题的办法。学生在声乐学习过程中既学到了知识和技能，又培养和提高了感知能力、鉴赏能力和解决问题的能力。学生通过表明自己对所发现问题的具体看法和解决办法，培养和提高自身的表现能力和创造能力。

在声乐教学中，知识、技能的传授与创新精神、创新能力的培养是辩证统一的关系。学生只有在了解声乐理论知识和掌握一定歌唱技能技巧的基础之上，才会发挥创新精神和创新能力；创新精神和创新能力的发挥，又会促进学生对声乐理论知识、技能技巧的掌握和提高。因此，在声乐教学中，教师需要把握好知识、技能的传授与创新精神、创新能力培养相统一的原则。有意识地为学生创造良好的、活跃的学习环境，使学生勤于思考、探索和敢于发展创造性思维，让他们的感知能力、表现能力、鉴赏能力、创造能力得到充分的发挥，早日成为 21 世纪社会所需要的外向型、复合型人才。

目前，创新精神、创新能力的培养还具有相对的抽象性，但知识、技能的传授与创新精神、创新能力培养相统一的原则是社会发展的需要，是教学规律在新的历史条件下的客观反映。因此，在声乐教学过程中需要声乐教师认真贯彻这一原则并不断充实和完善，使其更加科学化、规范化。

第三节　声乐教学的发展

一、声乐教学在欧洲的发展

（一）原始形态的声乐教学

声乐艺术作为人类文化意识形态的一部分，其历史发展过程中必然受不同时代、不同社会制度、上层建筑、经济基础等方面的制约和影响，同时，因为地域差异、文化差别，各国声乐艺术的发展也不尽相同。欧洲声乐艺术具有悠久、灿烂的历史，在其 2000 多年的发展历程中，诞生了大量经典的声乐体裁及作品，涌现出众多伟大的作曲家、歌唱家、教育家，形成了一个多种艺术形式及审美思想相互融合的文化发展载体，在舞台表演、艺术作品、技术理论、音乐教育、思想启蒙等方面为后世留下极为宝贵的财富。特别是 17 世纪歌剧艺术和美声唱法的兴起，推动了欧洲声乐艺术成为风靡全球的音乐文化形态，被不同国家、不同种族、不同信仰的人们所喜爱，对西方文明的发展产生深远的影响。

从古希腊开始，伴随着人们有意识的歌唱行为的增多，对声乐艺术的认识与理解也摆脱了最初的朦胧状态，歌唱日益成为社会生活中不可缺少的文化行为方式、情感交流的工具。为了使这一技能能够长久地发展下去，人们迫切地需要将歌唱中积累的经验传授给下一代，而对这一过程的追求促使歌唱教学日趋复杂，并逐步走出遇事而学、随机而教的落后状态，欧洲声乐教育的原始形态初步形成。古希腊时期与古罗马时期是欧洲声乐艺术萌芽和初步发展的阶段，也是欧洲声乐教育的起始阶段，由于音乐分工尚未完成，歌唱并没有成为一门相对独立的学科，而是与诗歌、舞蹈等艺术形式紧密结合在一起，在人们审美观念中的歌舞是一个自然而协调的整体，其中歌唱近似于吟诵，并以单声部合唱为主要表现形式，演唱的歌曲旋律简单、音域窄、技术含量低、艺术表现力单一，合唱形式也成为早期声乐艺术发展的主流，它在一定程度上制约了人们对于歌唱技术的探索。

古希腊中期，随着原始公社制度的解体和奴隶制的发展，人们对思想感情的表达方式提出了更高的要求，音乐抒情诗歌随之诞生，在列斯博斯岛形成了音乐诗歌学派，集诗人、作曲、歌手于一身的"抒情诗人"成为欧洲最早出现的独唱表演者，杰出代表有莎孚（Sappho）、阿尔凯奥斯（Alkaios）等，古希腊声乐艺术在他们的推动下得到了迅速发展，歌唱逐渐成为国事活动和教育青年的重要手段，人们对声音的发出与控制开始具备一定的审美意识。古希腊艺术发展的黄金时代，约前 5 世纪至前 4 世纪，出现了歌、舞、剧为一体的综合性艺术形式——古希腊戏剧。它运用合唱的形式解释剧情、揭示思想内容，剧中人物的朗诵与对话配以音乐伴奏，在形式上已具有歌剧特点，为歌剧艺术的诞生奠定了基础。

（二）宗教化的声乐教学

中世纪，从 5 世纪西罗马帝国灭亡到 14 世纪末文艺复兴这段时期，是宗教神权占绝对统治地位的时期。基督教成为一切文化、教育、科学的基础，古希腊的传统理念、基督教的思想精华、日耳曼的文化特征经过长期的"碰撞"和"融合"，逐渐形成个性鲜明、内涵丰富、影响深远的文明体系。在这样的社会文化背景下，以声乐为主要表现形式的基督教音乐成为欧洲中世纪音乐文化发展的主体。在近千年的时间里，基督教决定音乐的性质、内容、发展方向，教会成为声乐文化和声乐教育的中心，基督神父与教会乐监是声乐教育活动的组织者和指导者。利用歌唱圣咏对民众进行思想感化和精神启迪，伴随圣咏创作的日益复杂，演唱中的技术难度逐渐增加，这便对声乐教学提出了更高的要求。

4 世纪，教皇西尔维斯特（Silvestre）在罗马成立了欧洲第一所圣咏学校，系统的声乐训练开始出现。367 年，拉欧迪奥教法会议宣布"除演唱赞美诗外，音乐礼拜的全部活动都要由受过专业训练的教堂唱诗班来担任"，进一步推动了声乐教学的专业化。600 年，罗马教皇格里高利（Gregory）一世对圣咏学校进行整建，并命令教会音乐家加强对音乐理论、教学法等方面的研究，同时组织人员搜集和整理音乐作品，编著了欧洲历史上第一本规范化的声乐教科书《格里高利圣咏》。从此专业化的声乐教育发展载体逐渐形成，9 世纪兴起的复调音乐则促使声乐演唱更注重技术，对声部和声区的划分也更加细致，伴随着声乐教师职业群体的涌现和声乐教育理论体系的形成，欧洲专业化的声乐教育体制于 14 世纪最终确立。

（三）美声（Bel canto）教学

16 世纪末至 17 世纪初，意大利美声歌唱技术训练已初步形成较为完整的声音训练体系。例如，德国音乐理论家、哲学博士多莫尔（Arrey von Dommer）在他的《音乐史》中记载了教皇乌尔班（Urban）八世时的教会歌唱学校的训练情况：每天上午，学生用一小时练唱歌、一小时练颤音、一小时到教师的课堂上纠正发音；每人对着镜子练习，不能让面部的肌肉因歌唱而紧张或难看，然后用两小时的时间研究歌唱表情与文学。每天下午，半小时的声乐理论课、半小时的简单对位法课、一小时的作曲课，剩下来的时间弹羽管键琴和练习颂歌、经文歌的写作以及个人喜爱的课程。他们去教堂演唱或听教师的歌唱,回来后要把自己的感受和经验告诉教师;他们还去山谷里听回声,可以更好地发现自己唱歌的优缺点。再如歌唱家、作家波坦皮(Bomtempi)的《音乐史》中记载了马佐契(Mazzocchi)领导的罗马歌唱学校的学习情况:每天上午,学生们集合在一起,一小时丰富共鸣和繁难乐句的练习、一小时颤音的练习、一小时跳音和快速乐句的练习,然后是一小时的文艺学习、一小时的声乐练习曲的练习和表情与审美的练习。所有的练习都是在老师的指导下、在镜子前面进行,使声乐学习过程更稳定,使歌唱时的面部、前额、眼睛、口腔的动作正常,避免皱眉、频繁眨眼、口型歪斜等问题。每天下午,半小时唱歌理论学习、半小时指定旋律上的对位法练习,然后学习作曲法,再然后是半小时的文艺理论学习,其他时间练习弹琴和写作。学生们会去安格丽卡大门,对着以回声著称的墙壁唱歌,然后仔细听自己的回声,便于检查自己声音的优缺点;还会去聆听歌唱家的演唱风格,并把自己的体会告诉教师,教师不仅可以更好地了解学生的学习情况,还能及时作出指导,以提高学生的歌唱水平。

当时,在罗马、米兰、威尼斯、那不勒斯、佛罗伦萨等城市相继出现了许多歌唱学校,训练过程和内容大同小异。经过这样全面且严格的训练,学生们不仅成为训练有素的歌手,而且还具有较强的作曲能力,使意大利产生了许多优秀的歌唱家、作曲家、声乐教育家,促进了歌唱艺术的发展与水平的提高。

(四)多元化的声乐教学

此阶段,欧洲声乐教育在总结前人经验和汲取现代科技成果的基础上,已形成了较为规范和科学的体系。美声,不仅是指17至18世纪的一种演唱风格,同时也泛指一切优美的、科学的、具有西方传统文化特质的声乐艺术,其发展凝结着欧洲各国音乐家的共同努力,并成为全人类共有的财富。声乐教学也逐渐与生理、心理、物理等学科紧密结合,促使声乐教学的客观性显著增强,声乐教育也日趋多元化。

1. 声乐教育目的和理念的多元化

影响教育的因素,包括人的身心发展因素(包括遗传、环境、学校教育、主观能动性等)、国家的教育制度因素(包括社会政治制度、社会经济和科技发展水平等），教育目的在影响教育的诸多因素中起决定性作用。原始形态声乐教育目的是较模糊的，是广义范围内的，是以伦理、人道为动机来激发学习者的审美认知能力，并促进个体音乐素质的全面发展。中世纪的声乐教育建立在宗教基础之上，目的是培养为教会服务的人，教育活动的参与者较为单一，局限于教会成员，甚至只有专业唱诗者才能接受正规的声乐训练。美声声乐教育趋向于纯艺术化，声乐教育目的是培养专业化的歌唱家，此时的声乐教师多集理论家、作曲、歌唱者于一身，此时建立的音乐学院也为欧洲声乐教育的全面发展奠定了重要的人才基础。进入20世纪，王室贵族个人供给的音乐家基本消失，他们中的绝大多数人成为自由音乐者，不再为某个人或某个特定的场合负责，去更广阔的空间从事音乐活动，教学内容的选择上更加丰富，课程设置上更加灵活。同时，新的表演形式、声乐教育理论和声乐训练方法使声乐教育目的呈多元化，人们学习声乐的目的也变得多元化。

2. 声乐教育教学内容的多元化

具体体现在生理学、物理学、表演学、教育学、心理学等交叉学科知识与声乐教育教学的紧密结合，丰富其内容的同时，增强了声乐教学的客观性，澄清了声乐教学中存在的许多模糊认知，促使声乐教学质量得到显著提高。1840年，《关于歌声的研究报告》是最早从生理学角度描述法国男高音歌唱家吉尔伯特·杜普雷兹（Gilbert Duprez）倡导的"掩盖"唱法（关闭唱法），并明确提出将喉头放下，用"掩盖的胸声"唱高音，这是医学融入声乐教学、科研的先驱，为从多角度研究声乐艺术打下基础。19世纪中期，随着人体解剖学的发展，嗓音科学以1855年加西亚（Garcia）发明的喉镜为标志进入了现代科技范畴；物理学出现了赫尔姆霍兹（Helmholtz）的声学理论；20世纪出现了声乐心理学，较为成功的歌唱家因此层出不穷。

声乐学派呈百家争鸣。19世纪中期，欧洲声乐在美声唱法的基础上出现了众多的声乐教育学派。最具代表性的有以实践经验为基础的兰培尔蒂（Lamperti）学派（传统美声学派），有采取生理学与教学经验相结合的加西亚学派。除此之外，还有杜普雷兹的"关闭"学派、雷斯克（Reszke）的"面罩"学派、斯布瑞格利亚（Sbriglia）学派等重要学派。

3.声乐教学法的多元化

19世纪中后期，随着欧洲声乐教学体系的日益成熟，各种声乐教学法逐渐被提出和应用，这是欧洲声乐教育走向成熟的标志。新的声乐教学法在基本原理、实施准则等方面，与以实践经验为基础的传统美声唱法存在差异，欧洲声乐教育就此获得突破性的改变。原因一是嗓音科学的发展，特别是1855年加西亚（Garcia）发明的喉镜，人们能够清晰地观察到声带振动的过程，声乐教育有了更客观、更科学的判断途径，声乐机理教学法迅速发展成为一种新的、科学的声乐教学法；二是声乐艺术的伴奏，从最初的里拉琴伴奏到中世纪的无伴奏，从巴洛克时期的小型乐队伴奏到双管编制的大型交响乐队，19世纪歌剧作品中管弦乐队的音响效果日趋鲜明，促使声乐教学法改革；三是心理学的发展，促使人们更理性、更科学地认识歌唱艺术，声乐教育者也开始从心理学角度分析声乐教学，通过意识调节的方法解决声乐教学中的技术难题，通过分析教学过程中师生间的心理变化提高教学效率，从而更深地认知声乐教学的内在规律。

（五）声乐教学的流派

1.兰培尔蒂学派

兰培尔蒂学派由弗朗切斯科·兰培尔蒂（Francesco Lamperti）开创，它继承了意大利美声教育的优秀传统，同时开创了19世纪的新的美声教育体系，在欧洲声乐教育史上具有承前启后的作用，为欧洲声乐艺术的发展作出了杰出贡献。著有《论歌唱的艺术》，培养了40多位著名歌唱家，如阿尔巴尼（Albani）、帕蒂（Patty）等。兰培尔蒂学派的学术观点如下：

强调呼吸在歌唱中的重要性，主张用横膈膜、腹部、肋骨相互协调的呼吸方法；选择适合自己声区的作品，做到元音准确纯正、声音灵活连贯、共鸣和谐统一、音色柔美响亮、音量控制自如，反对滑音、鼻音、压紧的喉音、颤抖的过分的"掩盖"；主张学生在单音上做渐强渐弱的练习和练习装饰音唱法，以保持声音的灵活和优美；歌唱时，感觉头部空洞、喉部饱满、下巴放松、胸部挺扩、腰部紧缩，强调用耳朵的神经控制高音与音色、感知神经控制共鸣、全身的神经控制呼吸的力量；要求歌唱者在演唱之前做好"头脑""歌唱状态""面带微笑"等准备，喉部是声音反射或扩大的器官，发声时的咽部肌肉不应有任何负担；认为声音只有一个音域，三种共鸣，并表现在不同的声区，即胸声区、中声区、头声区，从中声区开始训练，并且先闭嘴哼唱、后开口歌唱。

兰培尔蒂学派的继承者威廉·莎士比亚（William Shakespeare）是英国的著名钢琴家、作曲家、指挥家、歌唱家、声乐教育家，著有《歌唱艺术》《对歌唱的几点坦率意见》等。他的教学思想如下：

他说"必须学会完善地控制呼吸和发声器，使之达到能下意识地运用自如""即使在最大的演唱强度下也不会减损声音的表现力和集中的程度"。他认为学生只有学到了控制呼吸的正确方法才会"打开喉咙"，吸气时"横膈膜下降，因此腹部膨胀"。除此之外，为了扩大气息的容量还要学会"张开双臂"的胸腹混合式呼吸方法，反对呼气时"紧锁喉咙"及耸肩、提气。

关于下巴、唇、舌、喉器，他认为歌唱中的发声、吐字、气息与舌、喉器有关。"唯有下巴放松，喉器才能松弛自如"。"喉器必须保持在适中的位置上"才能发出丰满和纯净的母音，"舌应放松地平躺着，舌部如果僵硬或往后缩，都会破坏母音的纯净性"。因此，"舌和下巴要能不受牵制地独立，喉器要松弛自然"，下巴不得前伸或者侧歪。"嘴唇是否松弛是衡量歌唱是否正确的标志"，提倡嘴角微微向上翘起微笑状，他还注意到发声器官有任何僵硬现象，也必然会反映到眼睛，当眼睛闪耀着自信、欢乐的光彩，表明发声器是在放松和自如地运转。

关于声区转换，他认为"有三个声区，如果发声正确，则三者可连接得天衣无缝，成为均匀的一串"。他反对用前一个声区的发声方法去唱更高声区的音，主张用声区转换的方法去扩展音域。他说"要在任何情况下都能支配自己的声音以进行不被人觉察的声区转换，以使每个音都能下意识地做到松弛自如、强弱自如和在单音上抑扬自如"，"转换声区就是为了在任何高音上都能保持打开喉器和很好地控制气息，放松舌部和下巴，完美地发出高声区的起音和维持音与音之间的连贯"。他还把各声区的发音和震动的感觉联系起来，他说"唱中声区时感到声音打在前面的门牙上，音再高些的时候打在犬齿上，到唱高声区的头声时，则感到打在上臼齿的后面，垂直向上"。[1]

---

[1] 薛良. 威廉·莎士比亚：《歌唱的艺术》[J]. 中国音乐，1994，(4)：40-45.

2. 加西亚学派

加西亚学派由曼努埃尔·德尔·波波洛·文森·加西亚（Manuel Del Popolo Vicente Garcia）开创，由其子曼努埃尔·帕特里西奥·罗德里格斯·加西亚（Manuel Patricio Rodriguez Garcia）发扬光大。1854 年，加西亚（子）发明喉镜，这是声乐史和医学史上的具有划时代意义的大事。这项发明促进了嗓音生理学的研究，开创了以人体发声机理为依据的全新教育理念，打破了传统美声的经验主义教育模式。加西亚（子）认为：美声歌唱的声音来自声带的振动，提出"声门冲击"的理论，同时还建立了一套科学的、系统的声乐训练方法，被世界公认为新美声教育学派的权威。他的理论从生理学角度证明了古典意大利美声学派发声的正确性，并从理论上系统地总结了美声唱法，从而使后人有意识地、更明确地训练歌唱。培养出的著名歌唱家有马里布兰（Malibran）、瑞典"夜莺"女高音林德（Lind）、爱尔兰女高音海伊斯（Hayes）等。

加西亚（父子）声乐学派的学术观点如下：

关于气息，用腹部支持的、横膈膜与肋骨相协调的呼吸方法，认为谁掌握不好控制呼吸的技术，谁就不能被称为真正的歌唱家；关于声区，强调女生有三个声区、男生有两个声区，要求各声区之间的连贯与统一；关于起音，倡导硬起音的方法（声门冲击），即歌唱时声门先闭合，再由气息冲开声门、振动声带的起音方法；关于音质，认为其是歌唱中最宝贵的，要把 99% 的精力用在追求声音的美感上；关于音色，认为音色分为明亮和沉暗，在胸声区用明亮的音色比用沉暗的音色更容易发出刚劲的声音，在头声区用沉暗的音色比用明亮的音色更重要；关于声部，除了男女六个声部之外，还有一种介于男高音与女高音之间的、比一般男高音高出三度音程的男高音，是男声部中最细、最女性的声音，即用头声发出的别具一格的声音；关于"嘴"，认为"嘴"应该是歌唱者的口咽。强调连音、断音、元音、喉音、鼻音的训练，并注重在一个音上的渐强渐弱练习；关于口型，强调歌唱时运用合理的、适中的口型，即自然微笑状，不宜开得太大；关于课堂，建议课堂上不应多讲生理解剖知识，要多用启发性的语言，倡导要舒展自然、以情带声地歌唱，无须过多地想象歌唱发声的生理活动；关于练唱的时间，强调有节制地练唱，即练唱次数多、每次练唱的时间要短的原则，以保证用最轻松、最新鲜的嗓子来练唱；关于歌唱中的协调性，强调歌唱整体中的各个部分之间应充分协调，同时要做到咬字清晰、音准准确、富于面部表情、感受内心的情感等。

要成为优秀的、杰出的歌唱家，必须具备良好的身心素质、文化素养、科学系统的专业学习、刻苦努力的奋斗精神。

加西亚父子被公认为欧洲美声学派声乐教学与声乐理论的权威，他们在继承意大利古典主义美声学派声乐教学经验的基础之上，改进了经验主义口传心授的教学方式，推动了声乐教学整体性、大跨度的发展，使之更加科学化、系统化、理论化，为欧洲声乐艺术、美声歌唱的发展作出杰出贡献。加西亚学派的继承者马蒂尔德·马凯西（Mathilde Marchesi）是德国次女高音歌唱家、声乐教育家，她的丈夫萨尔瓦多雷·马凯西（Solvatore Marchesi）和女儿布兰奇·马凯西（Blanche Marchesi）也都是歌唱家、声乐教育家，但以马蒂尔德·马凯西夫人的成就最为卓著，曾先后被意大利、奥地利、德国的君主和大公授予勋章。19世纪后半叶，马凯西夫人教出了许多世界著名的歌唱家，如艾玛·卡尔维（Emma Calve）、内莉·梅尔巴（Nellie Melba）等。马凯西夫人的教学思想如下：

声乐训练方法以加西亚的声乐训练方法为基础，同时采取因材施教的原则。因为她考虑到人的声音特点各不相同，认为着重发挥个人的特点比遵守固定的方法更为重要，所以训练每位学生的方法都不尽相同。这样做不是脱离加西亚的教学原则，而是声乐教学上的发展，是发挥发声器官功能的一种有效方法。关于呼吸，与她的老师加西亚（子）完全一致，即腹部支持、横膈膜和肋骨相协调的呼吸方法；关于起音，"声门冲击"既不要勉强，也不可过分用力，恰如其分、自然就好；唱音阶，要求均匀、连贯、音准要准确而清楚。唱上行音阶时，每一声区的最后两音要适当暗化（掩盖），利于声区过渡；唱下行音阶则可以较开放地演唱；唱高音，要有保险系数，在自己的能力范围以内；力度上也不要唱到极限，保持在明智的限度内，即使唱最高音域也要保持轻松自如的感觉；关于声区，存在三个声区，即胸声区、混声区（中声区）、头声区；特别注重歌唱基本功的训练，首先主张"占有技艺"，然后才能"涉及美学"；她对于各种呼吸的观点和她的老师加西亚的观点完全一致，主张腹部的支持。

二、声乐教学在中国的发展

（一）中国古代声乐教学

中国原始的音乐是歌、舞、乐三位一体的，其中歌唱占最重要地位。相传，黄帝作有《弹歌》反映原始狩猎生活；《吕氏春秋·古乐篇》记载有"八阕"，它是一首共含8个曲子的组歌，表演者手执牛尾，边跳边唱。可见，中国的声乐早在几千年以前的原始社会就以其独特的、能反映人类生活和生产劳动的音乐形式出现了，包括劳动号子、祭歌、情歌等声乐曲目。这个时期虽然没有形成完整的声乐艺术形式，虽然表现简单、原始，但已经有了固定音高，并出现了简单的音阶，节奏较为明显，这标志着古代声乐艺术开始萌芽。从有歌唱开始，中国就有了原始的声乐教育。声乐和舞蹈、器乐是一体的，是紧密相连的。文化、经济和政治三者是相互制约、相辅相成的，但文化的流传和继承却具有相对的独立性，是经济和政治无法左右的。声乐艺术作为文化的一部分，其流传、丰富、发展不会因为朝代的变更而完全改变。

1. 远古时期的声乐教学

远古时期的歌唱是自然的，表达的是生活中爱恨情仇和劳动中苦辣酸甜的感受，有些还与宗教等有关，内容简洁明了。奴隶社会时期，频繁的战争促进了声乐文化的交流与发展。西周时期，出现了中国历史上第一个"掌邦礼"的春官，管辖大司乐及大师、小师等乐官，负责声乐演唱等音乐表演事务；建立了中国历史上最早的宫廷"雅乐"体系以及完整的音乐教育制度。春秋时期沿袭了西周时期的采风制度，士大夫阶层经常去民间采风，把搜集到的民间歌曲加以整理，才有了中国历史上第一部诗歌集《诗经》，它包含305首北方各地的民歌。南方民歌由于不在采风范围内，所以没有得到全面的搜集和整理，只有战国时期屈原搜集整理的《九歌》较为系统地编入了一些，所以南方民歌流传下来的也不多。秦青是这一时期的歌唱家和声乐教育家，其学生薛谭是春秋时期艺术影响很大的歌唱家。

2. 秦汉时期的声乐教学

秦朝实现了中国历史上第一次多民族大统一，汉朝经济繁荣、文化发展，汉族文化逐渐成为文化的中心。

（1）秦朝的乐府官署

乐府是国家音乐机关，"乐"是音乐，"府"是官府。秦朝是中国最早设立乐府的朝代，音乐机构设有乐府、太乐，乐府有乐府令、丞，乐府丞又分左乐丞、右乐丞，丞下也各有属官。乐府音乐主要用于宴饮娱乐，也可以参加郊庙祠祀礼仪。秦乐府制度的建立为汉乐府制度的完善奠定了基础，也为汉乐府文学的兴起起到铺垫作用。汉武帝重视礼乐，设有太乐蜀和乐府，太乐蜀掌管雅乐（祭祀乐、宴乐），乐府掌管俗乐。乐府通过采集民间歌谣了解各地的民情，同时通过整理和加工民谣进行歌唱表演使其重返民间，以达到宣传的目的。"乐府"使声乐教育更加全面、具体、规范，流传至今的作品有《关山月》《广陵散》等。

（2）汉朝声乐艺术的表现形式

汉朝的声乐艺术形式多样，相和歌是中国北方民间流行歌曲的总称，是一种大型的音乐体裁，其表现形式从没有乐器伴奏的被称为"徒歌"的"清唱"，到后来为了充实"清唱"而加上帮腔的"但歌"，为了整齐划一而有一名声乐演员手持被称为"节"的乐器来击地打拍子，起到指挥的作用；琴歌是流传最广的，其中"操""引"等歌唱部分的水准非常高，《尚书》中"诗言志，歌永言，声依永，律和声"，其中"声依永"是指乐器的声音要伴随歌唱进行。

（3）声乐教育

汉朝有李延年、司马相如、刘向、桓谭等歌唱家、音乐教育家，其中桓谭的"大声不振华而流漫，细声不湮灭而不闻"讲的是：一个歌唱者在演唱时，不要认为嗓门越大越好，这样没有艺术表现力；唱弱声时，不要使人听不到声音，要有动人的"力度"。这样的看法，对今天的声乐教育仍有重要意义。

3.唐宋时期的声乐教学

唐朝是中国历史上经济、政治、文化都繁荣昌盛的朝代，统治者喜爱艺术，音乐艺术得到了空前发展。建立了管理音乐的机构，声乐艺术出现了新的表现形式，如大曲、说唱、参军戏等，有了系统的教育体制、考核标准、管理制度。音乐机构有大乐署、鼓吹署、教坊、梨园（因地点在宫廷梨园而得名）四个部门，前两个部门属于政府的太常寺，后两个部门属于宫廷，音乐教育更加系统化。

唐初，唐高祖在宫廷建立了教坊，专门为宫廷宴乐培养音乐人才，以排演歌舞、百戏为主，由皇帝直接派人管理，使宫廷音乐的发展具备了优越的条件。

开元二年（714年），唐玄宗将隶属于太常寺倡优中的音乐人才选出来，设立左右教坊，左教坊主要教唱歌，右教坊主要教跳舞；梨园是由唐玄宗亲自组建和经常组织、排练的音乐、歌舞机构，梨园艺人因此被称为皇帝梨园弟子，梨园可以说是唐玄宗创设的教演艺人的第一座集音乐、戏曲、舞蹈为一体的综合性"艺术学校"。梨园内设的"子部音声"班是从童子功培训起来的，15岁以下的艺人，艺术造诣水平高，常被招进宫内为皇帝演出。

宋朝是中国历史上又一个统一繁荣的朝代，随着封建经济的发展，城市逐渐兴盛，人民的闲暇生活、生活情趣都促成了文化的繁荣，如诗词、歌赋、戏曲、民间音乐、小说、书法、杂技、建筑等艺术都得到高度的发展。音乐主流开始从宫廷转向民间、从贵族转向平民，戏曲、曲艺逐渐兴起。音乐文化继承了汉乐府歌谣、唐大曲等传统艺术，又在城市的诗歌、曲艺、诸宫调、杂剧等方面有了新的发展，特别是宋词取得了和唐诗齐名的成就。声乐理论著作的出现，促进了声乐教育的发展。从姜夔创作的歌曲在文字旁注有工尺谱开始，中国的声乐作品已有完整的词谱流传，他的《白石道人歌曲》是中国音乐史上的宝贵资料。北宋沈括的《梦溪笔谈》中的《乐律》阐述的关于声乐演唱中"声中无字，字中有声"的方法对声乐教育产生重要意义。南宋词作家张炎在他的《词源》中，对演唱技巧提出了全面的要求，强调歌唱中的气息运用与乐句的长短、曲调的急缓、情感的变化有密切的关系。教坊是培训和管理艺人的教育机构，同时组织他们在宫廷和地方官府演出。宋朝的教坊在全国各地都设有，以保证地方官府乐人所奏的音乐与宫廷乐人所学、所演的一致性。

4. 元明清时期的声乐教学

处于封建社会晚期的元明清，其文化达到了新的高峰，尤其是声乐艺术的发展进入了开拓性的历史时期。元朝的元曲在文学、戏剧上开创了新风，在音乐表现上也创造了新高。教坊司，是音乐戏剧管理和培训机构。元朝出现了中国最早的一部关于歌唱技巧的专著——《唱论》，由燕南芝庵总结宋元演唱经验，全面论述了歌唱艺术的实践经验和规律性的要旨。

明朝，随着城市的繁荣、商业的发展，文化艺术也得到了迅速发展，民歌、说唱、戏曲等在城镇广泛开展。明朝万历八年（1580年），意大利传教士利玛窦（Matteo Ricci）来到中国，把天主教及教堂音乐传入中国，虽然西洋声乐还不能被人们所接受，但明朝歌曲和戏曲艺术却焕发出活跃的生机。教坊是管理宫廷音乐的官署，明代洪武年间在南京设立隶属于礼部的教坊司，明成祖朱棣时期迁至北京，专门从事吹弹歌唱以及戏曲、舞蹈表演。除此，还增设了专门教习和演出戏曲的机构，例如万历年间的"四斋""玉熙宫"，由宫廷教坊进行培训和排演剧目。嘉靖年间形成昆曲以后，江南出现"以班带班"的形式，这些"大小班"或"科班"已有较为正规的授艺方法训练弟子。私家蓄养家乐之风，存在于秦汉至明清的整个中国封建社会中，明朝更以为甚，不仅缙绅、士大夫、富商阶层蓄养家乐，文人圈中也形成了蓄养家乐的风潮。例如，家乐班，又称"私家乐班"，就是由私家蓄养的自娱性戏曲、歌曲班子，在家中教演剧艺，还搬演自己创作的作品。

清朝各地方剧种不断涌现，各种戏曲声腔争奇斗艳，除了明朝流传下来的昆山腔以外，还有弦索腔、梆子腔、吹拨腔、乱弹腔、皮黄腔等声腔。这些声腔剧种经过不断交流、融合、发展，逐渐构成戏曲艺术百花齐放的局面。京剧唱腔以"皮""黄"为主，是板腔戏曲中最完整的戏曲腔调，以原版为基础，通过曲调、速度、节奏的变化，演化出一系列不同的板式，例如回龙、导板、慢板、二六、流水、散板等。除此之外，京剧还吸收了昆腔、南梆子、四平调、回腔等古代唱腔，从而更加丰富完善。掌管音乐戏曲和宫廷艺人的训练和演习的机构，有教坊司、和声署、南府、升平署。清初沿袭明代设教坊司，顺治十六年（1659年）废除教坊司中的女乐，以男性内监代替。雍正七年（1729年）将教坊司改为和声署，乾隆七年（1742年）设立乐部，乐部下设神乐署管理神乐；和声署管理俗乐，供朝廷朝会、宴飨等喜庆典礼。宫廷音乐则由内务府掌仪司中和乐处管理，称为"南府"。从康熙年间初创至道光七年（1827年）隶属于内务府的南府，掌管宫廷戏曲演出活动，收罗民间艺人教习年轻太监和艺人子弟为宫廷演出。道光七年改为"升平署"。戏曲形成后，民间的教习不断得到发展，采取师徒相传的个体培训方式、口传心授的教练方法，俗称"手把徒弟"式的师承关系。

（二）中国近现代声乐教学

1. 抗日战争之前的声乐教学

中国近现代声乐教育发轫于新文化运动时期，与学堂乐歌一样，源自社会文化的转型。学堂乐歌是清末民初的政治改革家们主张废除科举等旧教育制度，效仿欧美建立新型学校而逐渐建立的、被称为"学堂"的学校开设的音乐课（当时称乐歌或唱歌）或为学堂唱歌而创编的歌曲（类似当今的校园歌曲），多是选曲填词的歌曲，后来采用民间小曲或新创曲调，代表人物有沈心工、李叔同等启蒙音乐教育家，代表作有《春游》《送别》等，象征中国近现代声乐教育的"孕育期"。与学堂乐歌不同的是，新文化运动时期的音乐教育更规范，它继承了学堂乐歌时期的群众性、普及性的声乐教育，同时在深度和广度上朝着专业声乐教育发展，开始有专业水准的中外声乐教师，且有教授美声唱法的中国籍声乐教师，声乐教学水平得到提高。

辛亥革命以后，封建势力仍然很顽固。20世纪初，以陈独秀、李大钊、鲁迅、蔡元培为代表的进步知识分子，通过《新青年》等进步报刊，推行白话文、新诗，反对旧文学、文言文，在思想文化上掀起了以"民主"与"科学"为标志的，探求一切新知识、新思想的新文化运动。1919年五四运动的爆发，1921年中国共产党的成立，使中国民主革命、新文化建设走上了发展的道路。

（1）新式学校的出现

在五四运动和新文化运动思潮的影响下，美育得到重视。为了适应学校教育对音乐教师的需求，一些公立或私立的高等师范学校相继成立了音乐系科。1919年在上海筹办的私立"上海专科师范学校"，是我国最早创立的高等艺术师范学校，它标志着音乐教育在中国高等师范教育中的正式形成和确立。1920年，周舒安从美国回国，在广东省女子师范学校开设了声乐课，首创了我国最早的美声教学。接着，许多现代音乐学校开始建立，成为中国最早的一批专业音乐学校，如1927年11月27日成立的上海国立音乐专科学校，是我国第一所规模最大、管理最先进、师资最雄厚的专业音乐教育机构。20世纪20年代，留洋归来的歌唱家在国内一些大城市举办独唱音乐会，传播声乐艺术、开展声乐教育，并将美声歌唱作为一种唱法纳入中国音乐院校的教学课程，使声乐教育更加专业化、系统化、科学化，为中国培养出一大批歌唱家和声乐教育家。

（2）社会音乐教育的发展

1927年，教育家陶行知在南京创办的"晓庄学校"是社会教育性质的教育机构。为了"造就好的乡村教师，去办理好的乡村学校"，采取向社会招生的办法，初中、高中、师范、大学的学生都可以报考。入学后，培养学生健康的体魄、农人的身手、科学的头脑、艺术的趣味、改造社会的精神，他的教育思想体系中美育占有一定的地位。陶行知还创作了大量的歌词，思想内容和教育意义鲜明，又有大众化、通俗化的特点。例如，《锄头舞歌》以锄头喻作农民，唤起农民铲除"野草"，争取民主自由。此歌不仅用作晓庄学校的校歌，还被广大中小学生所喜闻乐唱。还有《镰刀舞歌》《农民破产之过程》《春天不是读书天》《手脑相长歌》等，都是从儿童生活和心理出发，运用儿童思维方式和语言特点，以民歌填词或与作曲家合作谱写出来的歌曲，对当时社会音乐教育产生积极的推动作用。此外，随着20世纪30年代抗日救亡歌咏运动的兴起，通过民众歌咏会、业余合唱团、救亡演剧队、抗战歌咏团等宣传、服务性艺术团的演出、培训，社会音乐教育范围之广、作用之大是前所未有的。

2. 抗日战争时期的声乐教学

1937年，抗日战争全面爆发，大批革命知识分子和音乐工作者从国统区和沦陷区来到抗日根据地，并积极投入抗日救亡的宣传活动中。抗日军政大学、延安部队艺术学校、延安鲁迅艺术学院培养了许多音乐专门人才，他们创作出了许多极富影响力的声乐作品，例如冼星海的《黄河大合唱》、郑律成的《延安颂》等，为中国音乐事业的发展作出了贡献。

3. 中华人民共和国成立以后的声乐教学

中华人民共和国成立以后，中国的声乐教育事业得到了蓬勃的发展。在上海和北京率先建立了上海音乐学院、中央音乐学院之后，沈阳音乐学院、中国音乐学院等专业音乐院校又相继成立。这些音乐学院从建立就设立了声乐系，而且师资雄厚、教学方法规范，代表了中国声乐教学的最高水平，为中国培养了一批又一批优秀的专业声乐人才，为中国声乐艺术的繁荣作出了巨大贡献。

20世纪，我国专业音乐教育形成了音乐院校和师范音乐教育，教育体制、教育思想、教学目标、教学内容、教学方法、课程设置等方面都进行了一系列的改革。形成了小学、中学、大学、硕士、博士、进修班、研讨班、网络教育等多层次、多渠道的办学形式，也培养出了多种声乐人才。美声教育通过广泛的国内外学术交流、比赛、国外美声著作的翻译、中国美声教材的出版等方式，开阔了我国声乐教育教学工作者的视野，从理论到实践、从演唱到教学都得到了飞跃发展，同时坚定了"兼收并蓄"的指导思想。声乐教育在实践中产生了一批在国内外都具有相当影响力的声乐教育家，如20世纪80年代以喻宜萱、周小燕、沈湘为代表的声乐教育家，他们分别形成了自己独特的教学风格，为国内外输送了众多有高超演唱技巧和艺术修养的歌唱家，同时促进了声乐理论研究的发展。目前，我国音乐家在声乐发展史、声乐基础理论、声乐美学、语言学、歌唱心理学、歌唱的二度创作等领域积极开展探索和研究。声乐教学从经验教学阶段逐步走向更科学、更系统的阶段。

（1）第二次"西学"

20世纪80年代，随着中国改革开放的开展，人们开始重建文化艺术，其中包括声乐艺术。随着中国改革开放的深入开展，艺术界开始以开放的心态接受西方的各种文化艺术观念。就声乐艺术而言，这是继新文化运动之后的第二次引进"西学"的时代。

（2）统一思想

20世纪50年代，我国学习西洋唱法的歌唱家陆续在世界声乐比赛中获奖，部分留学苏联、东欧的学生学成归来均能胜任整部歌剧主要角色的演出任务且受到好评，我国的声乐事业得到了很大的发展。

（3）与世界接轨

1980年以后，我国的青年歌唱家参加了许多世界性的声乐比赛。第十一届三中全会后，在国际声乐比赛中不断传出更多的喜讯，涌现出一批享誉世界的新秀，例如胡晓平、傅海静、梁宁等。20世纪80年代，我国的青年歌唱家在24项国际声乐比赛中屡获佳绩，说明我国声乐教学水平已经与世界声乐艺术接轨。

第二章　高等师范音乐教育声乐教学的概述

20世纪，我国专业音乐教育形成了音乐院校和师范音乐教育。21世纪，随着世界教育的蓬勃发展，中国教育走向了一个全新的发展阶段，音乐教育也得到了迅猛的发展。随着普通高等学校实施扩大招生，高等师范音乐教育专业的学生随之迅速增加，对声乐教学也提出了新的要求。本章是高等师范音乐教育声乐教学的概述，着重阐述高等师范音乐教育声乐教学的内容、高等师范音乐教育声乐教学的教材、高等师范音乐教育声乐教学的过程。

第一节　高等师范音乐教育声乐教学的内容

一、制定声乐教学内容的原则

教学内容是教学活动的基础，它决定教学的方向。教学内容的准确性，直接影响教学质量。通过对教学内容的研究，教师在掌握课程内涵和外延的基础上，不仅可以丰富教学内容，还可以提高自身的教学水平；不仅可以传授学生课内知识，还可以拓宽学生课外视野。

（一）科学原则

一个学科的存在，会涉及关联学科和交叉学科的知识与实践。一个学科的发展，在关联学科和交叉学科知识与实践的支撑下得以更加科学。1854年，加西亚（Garcia）发明的喉镜促进了嗓音生理学的研究，开创了以人体发声机理为依据的全新教育理念，打破了传统经验主义教育模式，提高了声乐学科教学内容的科学性。

（二）兴趣原则

兴趣是人们对某种事物或从事的某种活动的喜好或关注程度，是个性倾向的表现形式，在人的心理行为中具有重要作用，可以使人的注意力集中，产生愉悦的情绪，提高工作效率。所以，兴趣是最好的老师，是学习的动力，是提高学生学业水平的前提。这就要求教学内容在科学性的基础上，与学生的实践结合、与学生的生活贴近、与学生的思想吻合，如此才能挖掘出学生的潜力，在提高学业水平的同时得到美的熏陶。

（三）审美原则

审美是人类理解世界的一种形式，指人与世界（自然和社会）形成无功利的、形象的和情感的关系状态；是在理智与情感、主观与客观上认识、理解、感知和评判世界上的存在。声乐教学是以提高学生歌唱能力和审美能力为目标的，所以教学内容的制定应该在培养学生歌唱技能基础上以提高学生的审美为原则。只有美的内容才能吸引学生的注意力，才能激发学生的内驱力，在学习过程中得到美的熏陶，得到审美能力的提高，渴望美好事物、追求美好事物、传递美好事物。为了体现审美原则，教学内容应该按照审美的四个层次：听觉情绪体验—感受体验—相关文化拓展—理性与感性结合来进行选择，根据层次的递进选择发声练习曲、选择教学曲目。

（四）互补原则

互补是指两个或多个因素，或个体之间相互强化、相互补充的作用关系。这种关系中，一个因素或个体的存在、发展或增强会促使另一个因素或个体的存在、发展或增强，并且双方之间的相互作用会产生更加显著的效果，互补作用可以产生在多个领域和不同层面。尽管课堂教学是声乐教学最主要的途径之一，但是学科素质教育包括多个方面，学生学情亦是多个层次，学生不仅要掌握扎实的声乐基础知识和基本技能，还必须学会用知识和技能去创造，所以需要开展不同形式的实践作为声乐教学的补充。丰富多彩的艺术实践不仅能够巩固学生课堂上学习的知识和技能，还能够发挥学生的想象力、激发学生的创造力，提高声乐教学质量。

（五）综合原则

声乐学科是一门综合性的学科，相关学科涉及乐理、视唱与练耳、和声学、曲式分析、中外音乐史、钢琴等；交叉学科涉及嗓音解剖学与生理学、人体自觉机能、声学、歌唱力学、歌唱心理学、语言学、审美学等；文化素养涉及文学、史学、人类学等学科。所以，声乐教学内容必须是科学的、系统的、多维的。学生只有"知其然，更知其所以然"，才能科学地学、系统地学、快乐地学，并创造声乐的美、传递声乐的美。

二、声乐教学的内容

（一）声乐基础理论

声乐学科具有很强的技能性和实践性，同时还具有系统的理论性与广泛的知识性。声乐理论知识是从声乐实践中形成和发展的，是指导声乐学习、声乐表演、声乐教学、声乐研究的科学理论。在声乐教学中，学生可以通过声乐理论知识的学习，对声乐学科进行系统的了解和认知，并运用正确的理论知识去指导声乐实践和提高实践水平。所以，在声乐技能训练的同时，要加强学生声乐理论知识的学习，克服重技艺轻理论的思想倾向，要在科学理论的指导下树立正确的声乐理念，开展科学的技能练习。

1. 声乐简史

首先，要了解中西声乐艺术形成与发展的简史，如中国声乐发展简史、欧洲声乐发展简史。其次，要了解中西声乐教育形成与发展的概况，包括具有代表性的声乐教育家及其教学体系，还有中外声乐教学的最新研究成果等。最后，要重点了解近现代声乐教学理念与教学方法。帮助学生在继承中国优秀传统声乐文化的基础上，借鉴和吸收欧洲优秀的声乐文化成果，从而发扬中国声乐文化的科学性、艺术性、民族性、时代性。

2. 声乐教育理论

声乐教育理论知识以声乐教学论和教学法内容为核心，使学生较全面地掌握声乐教学的理念与原则、模式与方法、内容与要求。教师在了解世界声乐教育概况的基础上，要对近现代有代表性的声乐教育家的教学体系进行探索，掌握中国当代声乐教育的理念、方法、内容等，从而使学生对声乐教学的科学性与多样性、规律性与特殊性有充分的认知，为提高学生声乐教学实践能力奠定理论基础。

掌握声乐教学基础理论，以建立在自然科学基础上的"声"与建立在人文素养基础上的"情"为核心。声乐教学基础理论主要包括发声技能的四要素（呼吸、发声、共鸣、语言），以及对声乐作品的艺术处理、艺术表现、情感表达等方面的内容。

3. 声乐生理与心理学

在声乐教学过程中，为使学生科学地、多维度地学好该学科，会涉及声乐的关联学科、交叉学科，如声学与语言学、声乐生理与心理学等。声乐生理学是声乐学生首先要学习的交叉学科。例如，通过了解人体呼吸器官、发声器官、共鸣器官、语言器官、听觉器官的生理构造、作用以及它们相互协调运动的原理，学生不仅了解自己要演奏的"乐器"，而且知道如何演奏好这个"乐器"，从而使学生具备科学的、扎实的声乐理论基础，同时为培养学生科研创新能力奠定基础。例如，声部划分有男高音、女高音、男中音、女中音、男低音、女低音之分，就女高音声部而言，还分戏剧女高音、抒情女高音，抒情女高音还分小号抒情女高音（花腔女音）等，不尊重或不了解嗓音生理条件而跨声部学习声乐学科，无疑是一件危险的事情，会引起声带小结等健康问题。

声乐心理学是心理学的组成部分，是声乐学科的重要交叉学科。如果说发声练习是打造"乐器"的过程，那么演唱作品就是演奏"乐器"的过程。声乐是一门建立在自然科学基础上的技能课，通过舞台演奏"乐器"创造美、传递美，那么这个过程中声乐心理对演唱水平的发挥起到了极其重要的作用。声乐心理学在演唱中的作用，体现在调控生理动作、增强演唱者自信心、帮助演唱者表达作品的情感、提升音乐表现力等等。如果声乐演唱可以被看作一个生理反应的过程，那么心理的调控和意识的支配就会对生理动作起到至关重要的作用。歌唱心理有助于演唱者拥有自信且富有感染力的气场，从而引起观众的同频共振；歌唱心理有助于演唱者感知声乐作品的情感，有情感共鸣才能更好地诠释作品的主旨和情感；歌唱心理有助于演唱者把握音乐的律动，从而自然地表现音乐元素、展现音乐特点。德国著名女高音歌唱家汉姆波尔曾说过"用你的心灵去歌唱"，这是对歌唱心理学重要性的最朴实无华的阐述。

4. 声乐语言

声乐本身就是利用人的声音与语言相结合来表达思想感情的音乐。从声乐生理学角度，语言器官与发声器官的协调运动，有助于发声技能技巧的练习，如解决声乐教学过程中常见的舌根音问题。从声乐与器乐的对比可以发现，声乐对作品内容的表达更清晰，对作品情感的传递更快捷，如歌唱者在唱什么、表达什么感情、描绘怎样的画面等等。西方学者认为声乐除了要注重声音以外，更多的还要注重内容和情感。

不同国家、不同民族文化背景则音乐风格、音乐审美、语言不同，诠释不同的声乐作品，首先应从语言入手。例如，我国汉字声、韵、调及"四声"的发音规律，传统声乐理论中"五音""四呼""十三辙"，以及字头、字腹、字尾的咬字吐字规律等声乐语言基础知识。

5. 声乐表演与鉴赏

声乐表演是集脑力、体力、想象力、表现力为一体的综合艺术，它服从于一定的审美意识，讲求审美原则。那么，这就必须建立起标准，这个标准能让我们去鉴赏某个作品。在声乐表演与美学之间找出科学和哲理上的依据，运用哲学思辨对声乐表演中的美学规律进行逻辑论证，使声乐表演的美学规律上升到科学的高度，不仅有助于丰富声乐表演的美学内涵，还有助于鉴赏声乐表演。

高水准的声乐演唱源自两个方面：一是先天的好嗓子以及与演唱相关的身体机能的敏锐性，二是后天的习得。演唱者需要不畏艰辛、长期磨炼，甚至是穷其一生不间断地学习和完善演唱技能技巧；拓展心理文化结构，包括智力、伦理道德、审美能力；均衡逻辑思维与形象思维以促进想象能力的发展。声乐表演者对声乐作品的理解力、感受力、想象力、表现力，随着人的文化底蕴的提高而不断地提高。例如，通过文献了解声乐作品的时代背景、创作背景，了解作者的生平、创作特点，分析作品的调式调性、节奏节拍、思想感情以及作品的艺术处理与艺术表现手法等。

（二）声乐技能训练

1. 歌唱中的姿势

掌握正确的歌唱姿势，是学习声乐的第一步。它直接关系到歌唱力量的着力点，直接影响到歌唱运动过程中各器官的正常工作与相互间的协调配合。意大利威尼斯音乐学院就歌唱姿势作出规定，强调两脚间距差不多与肩膀同宽，通过左右晃动身体找最舒服的重心；眼睛平视、喉位平行、肩膀打开略下沉、脊柱挺拔，脚后跟、腰、颈部下端、头顶成线，切记"展"而不"僵"。

2. 歌唱中的呼吸

掌握正确的歌唱呼吸方法，是学习声乐的第二步。它直接关系到歌唱的动力，直接影响到发声技能技巧，如音准、共鸣等。吸气，像闻花一样轻轻地、舒展地吸，做到"饱"而不"僵"，"深"而不"浅"；呼气，像小狗因热而伸舌头喘气，进而体验气息的流动性，注意保持气息的压力，做到"通"而不"阻"，"长"而不"短"。

3. 歌唱中的喉咙

喉咙是喉腔的泛指,是发音体——声带的附着器和固定器,是气息的通道。歌唱中喉的位置,在学习声乐的第一步——歌唱中的姿势就有强调,它是平行的,既不可以压喉,也不可以提喉。歌唱中喉的打开,在学习声乐的第二步——歌唱中的呼吸就有强调,它像打哈欠一样打开。吴其辉老师曾说:"要学好歌唱,首要就是打开喉咙。喉咙开得比较好,位置才能上得去;共鸣位置比较好,呼吸才能下得来。如果喉咙打不开,声音出不来,气息下沉从何谈起,气再'下沉',上面还堵着哩。"这是对歌唱中打开喉咙重要性的最朴实表述。

4. 歌唱中的位置

歌唱中的位置是气息支持下的、头腔共鸣的集中点。正确的歌唱位置,能解决声区过渡、各区统一、拓展音域等重要的歌唱技能技巧问题,能引导声音轻松灵活且富有穿透力,获得优美的音色、丰富的共鸣。反之,就像挂衣服没有挂衣服的钩子一样,一切都会变得困难重重。

5. 歌唱中的起音收音

歌唱中的起音有三种,即硬起音、软起音、缓起音。声乐教学中,通常采取软起音作为发声技能技巧练习手段,硬起音和缓起音作为艺术表现手段。练习起音,一定是在获得气息和歌唱位置的基础上,用说"悄悄话"的力度引导声音和气息、声音和语言结合的起音,从而实现歌唱平衡、流畅、自如的效果。俗话说:"好的开始,是成功的一半。"这是对歌唱中"起音"重要性的最贴切表述。

"收"相对于"放"而言,需要适可而止地控制。歌唱中的收音,通常指乐句中的最后一个音,它仍然是在气息、歌唱位置的支持下,不能因为歌唱耐力问题导致统一协调的"歌唱状态"松垮下来,不能因为歌唱习惯问题导致歌唱技能的不严谨,如因为掉"位置"而出现喉音。

6. 歌唱中的咬字吐字

声乐是用人声唱出来的、带有语言的音乐,是语言化的音乐艺术,也是音乐化的语言艺术,音乐与语言的有机结合是声乐艺术独有的特点。从歌唱技能练习角度讲,语言器官与呼吸器官、发声器官、共鸣器官是统一协调的关系,咬字吐字是在歌唱平衡运动的基础上，追求"字正腔圆"的审美标准以及"字清意明"地表达作品的思想内容与感情。

练习汉字的咬字、吐字方法前，必须了解汉字结构及其在声乐技能练习中的作用，如声母是声音在口腔内的着力点、韵母是歌唱美化的主要部分等。练习汉字的咬字、吐字方法时，遵循先"说"后"唱"的原则，如在"歌唱状态"下，像说悄悄话一样练习说，然后再唱。歌唱中的咬字、吐字源于生活中的说话，正如《乐记》中所说：从生活语言到歌唱语言就是逐渐夸张语言的旋律性和节奏感的结果。

7.歌唱中的声区统一

声区统一是拓展音域的前提。声乐教学中，发声练习通常从低声区（自然声区）开始，中、低声区过渡和中、高声区过渡是声区统一的难点，建设好中声区是声区统一的重点，拓展好高声区是声区统一的发展。

低声区发声练习曲通常用前元音，如"i"；中声区通常用后元音，如"o"；高声区通常用中元音，如"a"，消除声区之间的痕迹，使声区统一，有利于发挥歌唱艺术的表现力。

（三）综合能力培养

在声乐教学中，想要打好歌唱技术与艺术两方面的基本功，就要把歌唱理论知识和歌唱实践能力的培养结合起来，把课内教学与课外舞台实践结合起来，把声乐学科与关联学科、交叉学科结合起来，从而实现声乐教学目标以及人才培养目标。

1.培养声音辨识能力

声乐是听觉艺术。在声乐教学中，听觉训练与发声训练同等重要。听觉是歌唱的引导者，有了对声音的辨识能力，学生才能学习声乐，才能提高歌唱技能、歌唱表现力以及对声音的感受能力、审美能力、鉴赏能力。否则，学生对唱的对与不对、好与不好都不知道。培养学生的听觉，提高声音的辨识能力，具体建议如下：

培养学生对音高、音准、节奏、节拍、音程、和弦、调式、调性等声乐关联学科基础内容，有准确的听觉辨识能力，培养学生多听的习惯。只有多听，才能逐渐地在学生大脑里建立正确的声音概念，才能保证课堂教学质量、提高学生的歌唱水平；培养学生在发声训练中，对歌唱的呼吸深浅、喉咙打开、位置高低、起音软硬、声气结合、声字结合、混声效果等歌唱技能技巧，有准确的听觉辨识能力；培养学生在发声训练中，对声音的高低、快慢、强弱、大小、长短、宽窄、扁圆、横竖、明暗、松紧等声音特点，有准确的听觉辨识能力；培养学生在歌唱表演中，对音乐形象、风格、韵味、情感等歌唱表现特点，有准确的听觉辨识能力；培养学生在发声训练中，对主观听觉与客观听觉有准确的听觉辨识能力，对跑调、喉音、鼻音、舌根音、大晃小抖、漏气等问题，有准确的听觉辨识能力。

2. 培养学生对作品的艺术处理与表现能力

声乐教学的最终目标是实现"声情并茂"。声，即发声自如、高低强弱长短如走平川，属于形式美；情，即揭示作品主旨、刻画音乐形象、表情达意，属于内容美，二者是一个整体。"有声有乐"的声乐艺术是表现感情的艺术，这就要求演唱者有较丰富的音乐知识、较高的文化修养、较强的音乐表现能力，通过有计划、有步骤的艺术处理，更准确地诠释作品。因此，培养学生发声技能技巧的同时，必须培养学生对声乐作品的艺术处理与艺术表现能力。由于每个人的艺术趣味、美学观点、歌唱水平不尽相同，所以对声乐作品的艺术处理与表现力也必然存在差别，但还是有规律可循的，具体要求有以下几点：

第一，了解自己的声音条件和歌唱能力，选择适合自己客观条件的、符合教学规律的作品。教师是教学的主导，会布置必唱、选唱曲目；学生是教学的主体，建议不能仅据个人喜好在课内教学中坚持唱自己选择的作品。例如，初中级程度的男中音自己选择唱韩语的女高音作品，结果因为完不成高音部分半途而废，不仅影响教学的进度，而且还破坏歌唱技能的整体构建，进而出现学习退步的现象。

第二，分析作品内涵。通过诵读歌词了解作品的思想内容，了解作曲家的创作主旨。除此，通过查阅文献，了解作品创作的时代背景、作品创作人（词曲作者）经历和创作特点，把作品放在全局框架下去认知。

第三，分析作品音乐。通过调式、调性、节奏、节拍、速度、音乐术语、伴奏、风格的分析，了解作曲家对作品的要求。除此，需要完成作品内涵（歌词，语义部分）与音乐（非语义部分）的结合，如音准、节奏正确，咬字吐字清晰等。

第四，想象作品的意境。演唱者根据作品内容和音乐形象，在大脑中想象动态的画面，像演员一样身临其境创造角色，做到"胸有成竹"。

第五，歌唱实践，需要合理运用声音、充分运用演唱技巧和艺术表现手法，对作品进行细腻的艺术处理和表现。

第六，尊重原作的前提下，进行"二度创作"。声乐作品是"写"出来的，包括音符、音乐术语、语言文字等内容，只有通过演唱者的"唱"才能变成声，这是对声乐作品进行"二度创作"的过程、是使作品"活"起来的过程，要在尊重原作的前提下进行。

3. 培养学生良好的歌唱心理素质

心理是个体的精神和意识活动，包括感觉、知觉、记忆、思维、情感、意志、人格等心理现象；行为是通过感觉器官了解外部环境，通过大脑活动思考事物的因果，并伴随情感体验，包括内在的精神和意识活动，也包括外在的行为，心理与行为是一个整体。老子曰："五色令人目盲，五音令人耳聋，五味令人口爽，驰骋畋猎，令人心发狂。"[1] 庄子听《咸池》之后描述的心理感受：初听心生恐惧，再听又心生懈怠，反复听下去则迷幻昏惑。[2] 如此可见，音乐与人的心理活动是息息相关的。歌唱是人的心理与生理相结合的运动，歌唱心理问题会直接影响歌唱水平的发挥，如登台演唱过程中出现紧张、恐惧心理，进而出现心跳加快、脸发红、手发抖、出汗、忘词、错节奏等身体不适、错误频出的现象，已经影响歌唱本身。因此，声乐教学中培养学生良好的歌唱心理素质对于声乐学科非常重要。

培养学生良好的学习习惯，坚持循序渐进、层层递进原则，打好理论到实践、课内教学到课外舞台实践的坚实基础，做到"胸有成竹"，实现"艺高人胆大"。

声乐教学过程中，在培养歌唱技能技巧的同时，应结合学生心理素质和应变能力的差异，培养学生开朗的性情、积极的心态、坚强的意志、抗干扰的能力。

---

[1] 老子. 道德经 [M]. 西安：三秦出版社，2018：13.
[2] 庄子. 庄子 [M]. 西安：三秦出版社，2018：22.

尊重自己的嗓音条件和了解自己的歌唱水平，选取适合自己能力的作品，避免"贪大恶小"等功利心理。

培养学生歌唱的激情。多听、多看国内外顶级歌唱家的资料，如歌剧、音乐会等，多了解、记录国内外经典作品背后的故事，拓宽学生的视野、丰富学生的知识、激发学生的歌唱激情。

第二节 高等师范音乐教育声乐教学的教材

一、声乐教材的分类与选择

教材是教学内容的主要依据，声乐教材亦是如此。优秀的声乐教材不仅遵循声乐技能技巧练习从简到难循序渐进的原则，而且涵盖不同国家、不同风格的作品，尤其具备文化内涵、审美培养等要素，是实现高等师范音乐教育声乐教学目标的重要途径。

（一）声乐教材的分类

1.西方声乐作品

西方声乐作品是一个比较宽泛的概念，它可以根据国家、地域、体裁、风格、时间等多方面进行分类。本书以声乐作品创作的不同时期为脉络，阐述高师声乐教材的分类。

（1）古典时期的声乐作品

从格里高利（Gregory）圣咏、经文歌，到弥撒曲、受难乐等成熟的、宗教题材的声乐作品；从17世纪诞生于意大利并发展至今的歌剧，到浪漫主义时期的德奥艺术歌曲以及法国尚松体裁作品等。这些作品的演唱方法是诞生在欧洲并发展至今的美声唱法。美声唱法历经两个黄金时期，第一个黄金时期建立和完善传统美声唱法的基本原则和评价标准，旋律华美并使用大量的装饰音、跳音和滑音记号；第二个黄金时期提倡演唱者自由发挥，华彩乐段相继出现，歌唱技能技巧达到前所未有的高度，是美声唱法发展的重要时期。主要代表作品有维瓦尔第

（Vivaldi）、佩格莱西（Pergolesi）创作的巴洛克声乐风格的声乐作品，与之前曲目相比，内容更加丰富、意义更加深刻、结构更加简洁，歌唱技能技巧要求和演唱风格在美声唱法发展史上也是一个过渡期，很多作品都是高等师范院校经典教学曲目。

（2）20世纪至今的声乐作品

20世纪至今的声乐作品与之前曲目相比，内容、风格上都有很大程度的改变，突破了原有的创作理念，在各种不同风格的声乐作品中出现大量的半音音阶与和弦。除此之外，现代声乐风格的声乐作品对国际乐坛的影响力也越来越大。

2. 中国声乐作品

中国声乐作品主要包括民间的民歌以及艺术家创作的民族风格或西洋风格的艺术歌曲。歌唱方法包括美声唱法、民族唱法和通俗唱法；声乐教学曲目选择，主要是针对美声唱法和民族唱法的现代声乐作品和原生态民歌，以及针对通俗唱法的流行歌曲。

（1）现代声乐作品

中国现代声乐作品与西方现代声乐作品的形式、结构、风格有极大的相似性；作品素材源于我国传统声乐、民族文化和审美，使中国声乐作品具有独特的魅力。

（2）原生态民歌

原生态民歌是没有经过加工和艺术处理的民族声乐作品，创作于民间，被民间艺人、农民、渔民、船夫、牧羊人以及广大人民群众吟唱和传诵。20世纪80年代搜集到的曲目达40万首，是中国传统声乐的重要资源，是中国民族声乐的根本，是中华文明延续和发展的前提。

（3）流行歌曲

流行歌曲又称通俗歌曲，是一种大众化的艺术形式，风格、唱法种类繁多。自19世纪在欧洲发展起来就在世界范围内广泛传播，成为世界文化领域的一股时尚潮流，促进国家、民族、个人的交流。中国流行歌曲自20世纪80年代开始大规模兴起，进入21世纪以来的主流媒体以不断创新引领流行歌曲的发展，如北京电视台的《最美和声》、湖南卫视的《中国最强音》、东方卫视的《中国梦之声》、浙江卫视的《中国好声音》等等，推出了大量好听的歌曲。

（二）声乐教材的选择

在浩如烟海的声乐教材中，不是所有的声乐书籍都能满足高等师范音乐教育专业声乐教学的要求，也没有一本声乐书籍可以从始至终地满足高等师范音乐教育声乐教学的要求。在声乐教学中，如果把发声练习喻为"打造乐器"，把演唱作品喻为"演奏乐器"，那么声乐作品就是实现声乐教学目标、表情达意的载体，科学地选择声乐教材很重要。

1. 根据学生程度选择适合的声乐教材

学生们的演唱水平参差不齐，应遵循循序渐进的教学原则，选择涵盖初级、中级、高级程度声乐作品的教材；遵循因材施教的教学原则，选择涵盖美声唱法、民族唱法、通俗唱法以及男高音、女高音、男中音、女中音、男低音、女低音声乐作品的教材；声乐作品内容应反映社会生活，具有积极的思想性、丰富的文化性、民族的传承性以及爱党、爱国的情怀。

2. 根据人才培养目标选择适合学生的声乐教材

高等师范院校音乐教育专业（本科）的人才培养目标，主要是小学音乐教师。

遵循循序渐进的教学原则，选择涵盖声乐必唱曲目和选唱曲目的教材，并且选唱曲目以经典少儿歌曲为主，促进产学结合。

遵循因材施教的教学原则，选择以中国声乐作品为主、外国声乐作品为辅的教材。外国声乐作品主要指意大利语声乐作品，一是从学生歌唱技能技巧的构建考量，二是从学生的嗓音条件考量，三是从学生个人喜好、就业规划考量。

选择以时间为轴排序的教材，有利于学生了解声乐发展简史的脉络、对比不同风格声乐作品的特点以及艺术处理与表现的不同，积累学生的演唱经验和提高音乐素养。

3. 选择有经典教学曲目的教材或规划教材

经典之所以是经典，因为它具有典范性、权威性，甚至还具有传承性和经久不衰的特点。经典教学曲目是经过长期演唱和教学实践提炼出来的，从歌唱技能技巧的构建，到歌唱性与音乐性、文化性与艺术性的培养，在启迪思想、陶冶情操、感动心灵等层面都具有较高的教学价值和艺术魅力。

规划教材,例如上海交通大学出版的普通高等学校音乐专业"十三五"规划教材《声乐》,具有谱面准确率更高、曲目选择更经典、作品内容更具思想性和启迪性、作品风格更丰富等优势。

4.选择有歌唱理论与作品分析的声乐教材

声乐学科是以歌唱者自己的身体为乐器、技能性较强的学科,但它建立在自然科学的基础上。通过嗓音解剖学与生理学、人体自觉机能等交叉学科知识,学生了解自己的乐器、掌握歌唱基础原理,为歌唱实践打下科学的理论基础。在教材使用情况调查问卷,学生对声乐教材的建议具有一定程度可借鉴性,包括每首声乐作品配以相对应的作品简介。五线谱和简谱同步。中国基础教育音乐课的教材通常使用简谱记谱法;学钢琴、西洋乐、作曲以及唱美声声乐作品或者外国声乐作品的学生通常使用五线谱,学生对不同记谱法的读谱能力不尽相同。除声乐教材内的作品外,还要增加作品数量、丰富风格以及与就业岗位所需衔接。

二、声乐教材的使用现状

使用高质量的教材是保证教学质量的重要环节。高等师范音乐教育专业(本科)人才培养目标,通常是中小学音乐教师。在此基础上,根据学生的学情、就业岗位的需求,从歌唱知识与技能构建、歌唱能力与表现能力培养、文化内涵与审美培养等层面选择优质的声乐教材。目前,高等师范音乐教育专业声乐教材选用多以省编教材为主、自编教材为辅。

第三节 高等师范音乐教育声乐教学的过程

一、声乐教学过程的本质

声乐教学过程的本质是歌唱的认识过程。遵循人类认识的一般规律,从实践到认识、从感性认识到理性认识、再从理性认识到实践,每一次认识过程都使教学过程发展到一个新的阶段。声乐教学过程中,学生对歌唱是由浅入深、由感性到理性的认识过程,具体表现如下:

（一）歌唱认识的环境不同

声乐教学过程中，学生对歌唱的认识是在教师的指导下，有目的、有计划、有方法地进行，是学生和教师共同完成的教学过程。在这个过程中，声乐教师起着主导作用，教师根据声乐教学的目标、要求采取各种教学方法来构建特定的环境，为学生提供获得歌唱知识与技能技巧的环境。

（二）歌唱认识的目的不同

声乐教学过程的最终目的是将科学的歌唱方法和歌唱理论转化到学生对歌唱的认识中去，形成或转化为学生的歌唱能力和精神财富，使学生对歌唱的认识在有限的时间内迅速达到既有歌唱理论水平，又有歌唱表演能力的高度；形成良好的歌唱状态，提高对歌唱的认识，统一对歌唱主观认识与客观认识的过程，使学生的声乐学习具有高效性，能在短时间内获取声乐发展过程中长期积累的经验，并提高自己的歌唱能力，形成自己的演唱风格。

（三）歌唱认识的活动不同

声乐教学过程中，学生的认识活动有自身的规律和特点，主要表现为以下几点：

第一，由于学生自身条件各不相同，对歌唱的感觉、听觉、表现能力等方面都存在认识上的差距。因此，在声乐教学过程中必须注意激发学生的学习热情、求知的欲望，调动学生的歌唱热情，充分发挥学生在声乐教学过程中的主体作用。教师要把自身在教学过程中的主导作用与学生的主体作用结合起来，并贯穿教学过程的始终。

第二，学生对歌唱方法、歌唱内容的认识，主要来自教师高度提炼和概括的对歌唱直接或间接的经验和感受。因此，在声乐教学过程中教师要对学生的歌唱技能、声音质量、歌唱表现力进行具体的指导，并组织必要的艺术实践以丰富学生的歌唱体验，提高歌唱水平，促进课内教学、认识与课外实践的相互结合。

第三，声乐教学过程中，教师对学生的歌唱训练是科学的，有目的、有计划、有针对性的因材施教，学生在教师的启发、引导下，通过优美歌声表现音乐的过程，也是陶冶情操、完善人格的过程。在这个过程中，学生的个性心理得到培养和发展。因此，要把学生对歌唱认识活动的需要与学生的个性心理结合起来。

二、声乐教学的过程

（一）备课

1. 了解学生

声乐课堂教学质量，主要取决于声乐教师的知识水平、演唱水平和教学能力。备课对课堂教学效果有直接的意义，是声乐教学过程中不可或缺、有目的、有计划、连续性的教学活动。

备课的第一步是了解学生。具体包括：新生，通过入学专业复试了解学生的歌唱水平。例如，歌唱中存在的主要优缺点、嗓音特点等信息。在校生，通过学期末的考试和学期初的汇报了解学生的歌唱水平。

高师音乐教育专业的声乐课，大学一年级的课型是10人左右的小组课，教师在了解学生歌唱水平之后，根据学生声部的不同再分组，如男中音和男中音在一起；根据歌唱程度的不同再分组，如歌唱初级程度的同学和歌唱初级程度的同学在一起，开展有针对性的备课。

2. 研读教材

教材对教师的教学有一定的指向性。钻研声乐教学所需要的教材，不仅是学校提供的教材，还要有外延性教材的支撑以及对自身知识结构作出的调整与完善。

声乐教师需要具备科学的、系统的、规范的歌唱技能，知识的完整体系与较高的演唱水平，认真研读教材之后，能够根据学生的实际情况、教学目标和要求提炼出科学备课、高效上课所需的内容。

3. 制定方案

教师在了解学生和研读教材的基础上，遵循因材施教、循序渐进的教学原则，制定有针对性的、因人而异的、行之有效的教学方案。

教学方案要有针对性地体现声乐基础理论知识，有针对性地选择发声练习曲、教学曲目。有利于在 45 分钟内，提高学生们的歌唱技能技巧，培养学生们的歌唱感受力、表现力、创造力。

（二）上课

声乐课堂教学内容的适当与合理，有利于顺利完成教学任务。声乐教师不可能整堂课练声，也不可能整堂课练唱，只有合理地安排课堂时间，才能更好地完成教学任务。声乐课堂教学环节安排需要兼顾以下几个方面：

1. 课前检查

歌唱是以自己的身体为"乐器"，身体的不适，如扁桃体发炎等问题，会直接影响课堂教学质量，甚至导致调课情况的出现；心理的不适，如情绪低落等问题，也会影响教学质量。因此，课前需要了解学生的身体与思想情况。

歌唱是歌唱机能整体协调的过程，如呼吸器官、发声器官、语言器官、共鸣器官的整体协调，如歌唱技能技巧与音乐、语言的整体协调，如歌唱与表演、听觉、视觉的整体协调，如谱面是音乐语言与文字语言的整体协调。如此"牵一发动全身"的学科，需要在课前检查学生课后学习情况，如是否熟悉旋律和歌词。

2. 发声练习

发声练习是"打造乐器"的过程。从站姿到像"闻花"一样吸气、像"打哈欠"一样张开后咽壁、像"小狗喘气"一样感受气息流动、像"胡说"一样放下语言器官、像"说悄悄话"一样找到歌唱位置，然后"以气带声"完成以音阶、琶音为主的发声练习曲。

演唱作品是"演奏乐器"的过程。从音乐语言到文字语言，歌唱练习曲相对发声练习曲要复杂得多。完成发声练习曲后，可以有针对性地增加声乐作品中的歌唱技术难点作为发声练习与歌唱练习的过渡，如八度音程的大跨度音程发声技能练习。

3. 分析、处理作品

课堂上的所有准备和练习，最终反映在演唱作品上。所以，分析和处理要演唱的声乐作品是声乐教学的主要部分。分析和处理作品，主要包括以下两个层面：

（1）歌唱技术与作品主旨

发声练习曲虽然有旋律，融歌唱技术性、音乐性、语言为一体，但相对于演唱声乐作品，更容易掌握发声技能、技巧与符合表现声音的要求。学生发声练习曲的语言通常用元音，气息、声音、语言、共鸣等歌唱技术能够得到老师的认可。声乐作品的文字语言由元音和辅音组成，语言器官与呼气器官、发声器官的相互协调运动更复杂，需要提前处理好声音与语言这部分内容。另外，基于熟悉歌词分析作品的主旨，了解每一乐段要表达的思想感情以及乐段之间的逻辑关系，有利于歌唱时的音乐层次分明，歌唱技能技巧的整体布局合理。

（2）音乐部分

旋律更丰富、音乐术语要求更多、篇幅更长等，都大大增加了掌握歌唱技能技巧的难度。因此，首先需要分析作品的调式调性，如是色彩明亮的大调，还是色彩柔美的小调；其次是划分乐段，有利于学生了解每一乐段要表达的音乐情绪以及乐段之间的逻辑关系，使歌唱时的音乐层次分明，歌唱技能技巧的整体布局合理；最后是熟悉节奏、节拍、音准，有利于学生全身心地投入到歌唱机能的整体协调与音乐表现上。

声乐教师要根据学生的发声技能技巧和演唱作品水平，分析学生的歌唱能力和学习能力，并选择与之相适应的声乐作品，有计划、有目的地布置过渡性的声乐作品，帮助学生高效地完成教学目标。

4. 课堂总结

完成发声练习和作品练唱等教学环节后，教师通过与学生的沟通，引导学生对课堂教学进行总结。教师根据谱面批注、学生对课堂教学的总结，做最后全面的、扼要的总结。总结教学重点、难点，指出具体哪些地方表现好，要给予学生及时的表扬和鼓励，有利于学生自信心的建设；指出具体哪些地方表现存在问题，要给予学生及时的指导和帮助，有利于进一步消化学生的难点。

（三）布置作业

布置作业是声乐教学过程中具有重要意义的教学环节，是课堂教学的外延，能帮助学生进一步消化和巩固从课堂教学中获得的感觉、技能、知识，培养学生运用歌唱理论与发展歌唱技能技巧结合的能力。

老师要向学生讲清楚作业的目的和要求，完成作业过程中可能出现的问题和解决问题的办法。作业内容包括发声练习曲、声乐作品以及相关资料的查找，如文献资料、音视频资料等，有利于保证声乐教学质量。

（四）撰写毕业论文

指导学生撰写毕业论文，是声乐教学过程的最后一个环节。论文撰写是学生对在校期间学习成果的一次总结，总结学科探究、描述学习成果、开展学术交流，它应当具有科学性和创新性。论文撰写过程是学习、实践、探索和创新相结合的综合性教学过程，是培养学生综合运用所学专业知识解决实际问题能力的过程，是本科声乐教学过程中不可或缺的实践性教学环节。

1. 准备阶段

有计划地开展毕业论文的准备工作。在四年制本科教育教学中，声乐课的学程是三年，大学一年级、二年级的课型是一对10人左右的小组课或几十人的大课型，大学三年级是一对二的小组课或一对一的小课，无论是怎样的课型，声乐理论知识的讲解与歌唱技能技巧的实践，都是在为毕业论文撰写工作做基础性准备。

教师要在论文撰写工作启动之初，了解自己所指导学生的具体特点、客观条件、主观态度，从整体性综合考虑，做有针对性的充分准备工作。如此，教师才能把握整体，也能把握阶段性安排，使学生明确写作方向，明确每个阶段应该做怎样的准备。做好准备工作，教师才能更好地对学生进行指导，使撰写工作各环节顺利衔接；做好准备工作，教师就能在学生时间紧迫的情况下，帮助其更科学合理地安排时间，保证毕业论文写作各阶段的时效性，使每个阶段都有明确的质量和时间保证。

2. 确定选题

毕业论文的选题可以确定学生的研究对象和范围，是写好毕业论文的关键一步。但选题过程是一个较为复杂的过程，既要考虑选择自己理想的题目，又要考虑自己知识与技能的储备以及论文的价值。学生选题要凭借自己平时学习与实践的积极思索与积累，形成独到的认识与思维方式，并善于发现问题；注视社会发展的动态，特别是音乐教育方向的声乐学科方面的信息，从中找到有价值且适合的研究课题；还可以根据选题的范围，在查阅文献资料中确定选题等。

选题要遵循现实性、可行性、创造性的原则，要考虑主观意愿与客观实际情况，根据专业方向选择学科领域中有待解决的实际问题。

3. 收集资料

论文由论点和论据组成。观点要正确、论点要明确、论据要翔实，这就注定在撰写毕业论文之前必须广泛地收集足够的资料。

收集资料的途径有多种，线下可以通过各级图书馆，如学校图书馆、省图书馆、国家图书馆中查找，可以通过教育实习、实地调研、采风获得一手资料，还可以通过科学实验、艺术实践获得令人信服的证据和数据；线上可以通过各级图书馆的线上平台以及知网、万方等数据平台、资源库中查找。收集资料的方法也有多种，包括用笔记、复印、剪贴、截屏、下载、录音频、录视频等方法获取所需资料。

从收集资料到形成观点，需要精心思考、反复酝酿与研究。在动笔撰写论文前，必须将自己手头的所有资料进行重新整理和分门别类的归纳，从中寻找论点和论据来论证自己的观点，创新性思维是撰写毕业论文必须具备的思维能力，通过运用发散思维、收敛思维、立体思维、两面思维使论文更具创新性；逻辑性思维是通过多种方法证明观点的正确性的思维能力，论文写作的逻辑思维方法有归纳和演绎、分析与综合、从抽象到具象等。

4. 开题报告

开题报告是在教师指导下由学生完成撰写的报告，体现毕业论文的总体思路，反映毕业论文的观点是否正确、论点是否明确、论据是否翔实、结构是否严谨、研究方法是否科学等。内容主要包括选题依据与意义、研究目标与主要内容、研究方法与手段、文献综述与工作进度安排。

注意范围要适当、立意要新颖、挖掘要深入、结构要严谨、文字要精练，要能体现整理毕业论文的脉络。

5. 写作阶段

本科毕业论文，通常按照封面、独创性声明、使用授权声明、摘要（包括关键词）、目录、引言、正文、参考文献、附录和致谢的顺序进行排版，通常会安排初稿、二稿和三稿。初稿完成以后，一定要根据指导教师的意见修改，反复研究、反复修改能使毕业论文更深刻、更完善，更具有水平和价值。修改可以从如下几个方面着手：

思想内容的推敲，集中考虑论文中所使用的材料是否得当且有说服力、材料安排是否合理并具有逻辑性、写作意图是否清晰、论文观点是否鲜明；整体构架的推敲，要考虑整体构架是否合理、结构安排是否匀称、文势是否连贯、语言是否合乎体式；局部的推敲，要考虑句群顺序是否合理、句子是否通顺、用词是否恰当、文字有无错漏。

6.完成论文

论文标题揭示了论文的基本内容，体现了论文的基本特征；论文署名标明论文的写作者，是文责自负的表现，也是行款格式的要求；论文关键词是指论文的论点和论据、内容中的关键词组，通常选取3～5个；目录使论文内容结构一目了然；内容提要是论文内容的高度浓缩，帮助审阅者、读者在阅读正文前了解论文的基本内容；正文是表达学术研究成果的部分，包括绪论、本论和结论；参考文献是论文撰写时参考的文献资料。定稿以后，就开始准备毕业论文答辩工作。

第三章　高等师范音乐教育声乐演唱技能的训练

歌唱既是一门艺术，也是一门科学。就歌唱的创造性而言，其可以被认为是一门艺术。优美的歌声能够塑造出良好的艺术形象，带给人们艺术享受与心灵的震撼。就歌唱的技能技巧训练而言，它是一门科学。一名杰出的演唱家或优秀的音乐教师，往往都具备着良好的嗓音条件。除此之外，他们还拥有着在自然科学基础上的歌唱技能技巧与歌唱表现能力。在历经长年累月的歌唱训练后，练习者充分了解与掌握了歌唱的每个环节，且达到了一个较高的熟练程度，甚至形成了自觉性的条件反射，由此，练习者便掌握了歌唱的技能技巧。歌唱的技能技巧是一种意志行动的动作方式，以此为基础，歌唱者可以在现实的演唱过程中自如地应对声乐作品对声音技巧的各种要求。例如，歌唱的姿势、歌唱的呼吸、喉头的位置等，他们之间是相辅相成、相互协调的，不是孤立的存在。本章是高等师范音乐教育声乐演唱技能训练的教学，重点分析了高等师范音乐教育歌唱呼吸技能的训练、高等师范音乐教育歌唱发声技巧的训练、高等师范音乐教育歌唱共鸣技能的训练。

第一节　高等师范音乐教育歌唱呼吸技能的训练

一、歌唱呼吸的生理原理与重要性

呼吸是人体重要的生理活动之一，是生命体不断从外界的环境空气中吸入氧气和从体内排出二氧化碳的气体交换过程，没有呼吸就没有我们，就没有歌唱。歌唱呼吸是歌唱运动的第一步，为歌唱运动提供动力支撑。在歌唱过程中，演唱者通过控制气息，对声带产生影响，能够发出不同的声音。由此可见，在开展歌唱教学时，教师需要引导学生有意识地控制气息，从而掌握歌唱技巧。古今中外，歌唱呼吸技巧训练一直作为歌唱的重要基础被众多教育家、歌唱家使用。在我国，早在唐朝就有关于歌唱呼吸技巧的相关记录了，在唐朝官员段安节所著的《乐府杂录》中，就强调了歌唱呼吸的重要性。"善歌者，必先调其气，氤氲自脐间出，至喉乃噫其词，即分抗坠之音，既得其术，即可致遏云响谷之妙也。"意大利男高音歌唱家，世界著名三大男高音之一的帕瓦罗蒂（Luciano Pavarotti）也曾说过："掌握不好呼吸，就没法唱出好听的声音，甚至会毁坏嗓子。"[①] 由此可见，在歌唱当中，歌唱呼吸能够起到极为重要的作用。

（一）歌唱呼吸的生理原理

原理是具有普遍意义的最基本规律。呼吸的生理原理：呼吸是自然的、内在的生理反应，是呼吸系统与通过收缩和舒张来达到人体吸气和呼气过程的呼吸肌肉群共同完成的结果。呼吸系统由呼吸道和肺组成，呼吸道由口鼻、咽、喉、气管、支气管组成，是气体的通道；肺，负责气体交换（图3-1-1）。

1.呼吸肌肉群的组成

（1）膈肌（diaphragm）

膈肌在呼吸中起着最重要的作用。下肋骨固定时，膈肌的收缩造成穹顶的下降变平，从而增加胸腔体积容量。

[①] 赵震民.《声乐理论与教学》[M].上海：上海音乐出版社，2002：30.

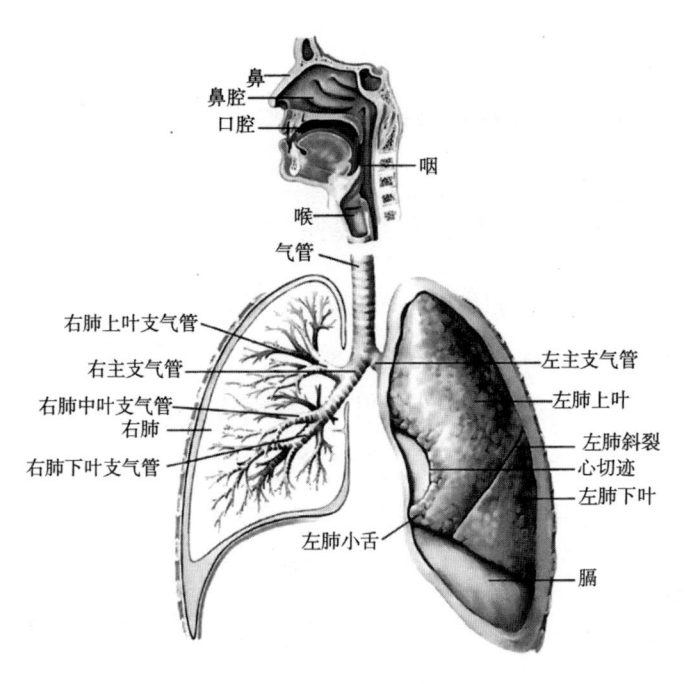

图 3-1-1　呼吸系统

（2）肋间肌

肋间肌分为肋间外肌（负责吸气）、肋间内肌（负责呼气），在呼吸中起着重要的作用。吸气时，提升肋骨与胸骨。

（3）斜角肌

斜角肌由三条肌纤维组成，即斜角肌、中斜角肌和后斜角肌，附着在胸腔上，当它们收缩时，会增加胸腔的体积容量。

（4）胸锁乳突肌

胸锁乳突肌附着在胸骨和锁骨上，当它收缩时，会提升胸骨和锁骨，从而增加胸廓的前后径，进而增加胸腔体积容量。

（5）肩关节肌

肩关节肌包括胸大肌、背阔肌、胸小肌、前锯肌。胸大肌，从部位划分上属于胸肌，从功能划分上属于肩关节肌肉群，大力拉胸廓的前部，会提升肋骨和胸骨，增加胸廓的前后径，进而增加胸腔的体积容量；背阔肌同样参与肩关节运动，收缩时会提升下肋骨，会增加胸腔的体积容量；胸小肌在胸大肌的深处；前锯肌，附着在胸骨、锁骨上,当肩膀处于外展位置,也就是抬起手臂时,前锯肌收缩会抬高和扩张胸腔,增加胸腔的体积容量。

(6) 锁骨下肌

锁骨下肌具有抬高第一肋骨的作用。

(7) 上后锯肌

上后锯肌不是菱形肌,提升第2~5根肋骨,从而扩大胸腔。

(8) 竖脊肌

竖脊肌提升肋骨来伸展胸椎和协调呼吸,最大扩张胸腔。

(9) 肋提肌

肋提肌可以提升肋骨,也就是提升胸腔,因为肋骨位于胸腔。肋提肌是由两组纤维构成的肌肉,分为肋长提肌和肋短提肌,附着在胸腔上,并止于胸椎横突。

(10) 下后锯肌

下后锯肌固定下方肋骨,为膈肌收缩提供条件。

(11) 腰方肌

腰方肌固定下方肋骨,将第12根肋骨往下拉并固定,为被动呼吸时的膈肌提供条件。歌唱运动与人体其他运动一样,是由呼吸肌肉群共同完成的结果,如喉咙紧张往往伴随着肩膀紧张,因为它们由同一肌肉群联系起来的。

2. 呼吸运动中的主要肌肉群

吸气因为吸气肌肉群的参与,使胸腔体积容量扩大。负责吸气的肌肉主要是膈肌,然后是使胸腔外扩的肋间外肌、上后锯肌、肋提肌,还有能帮助吸气但要尽量避免依靠的胸大肌、胸小肌、前锯肌、斜角肌、胸锁乳突肌以及胸骨舌骨肌和胸骨甲状肌。同时,在腹直肌的影响下,横膈膜上下的空间也得到了扩大。在这种向上、向下、向外的连续不断的扩张下,人体的呼吸空间也由此得到了扩大,人体能够吸入的空气量也就更多了。因此,歌唱前应尽量将气吸得深和饱,使气息在积极的状态下得到自如地运用。

呼气因为呼气肌肉群的参与,使胸腔体积缩小。负责呼气的肌肉群包括肋间内肌、胸横肌、肋下肌,还有腹部的腹直肌、腹外斜肌、腹内斜肌、腹横肌,最后是下后锯肌和腰方肌,它们也有向内助呼气的功能。在日常的呼吸当中,将收缩的吸气肌肉群进行放松，只依靠胸腔的自然回弹就可以完成呼气的过程。但在歌唱过程中，呼气就没那么简单了，也需要掌握相应的技巧与手段，才能不影响唱歌的过程。在歌唱中呼气时，需要对胸廓状态进行保持，从而获得胸部的支持，吸气肌肉群不能放松，需要继续紧绷，同时腹直肌开始收缩，横膈肌向下运动，二者形成对抗，从而迸发出十分猛烈的、有力的"气势"，完成歌唱的呼吸。

歌唱的呼吸运动是吸气状态时向下的保持力量和呼气状态时向上的推动力量向相反方向运动的过程。当空气从口鼻吸入肺部以后，人有积极向上的感觉，就是在声乐教学过程中经常强调的像"闻花香"的感觉。与呼气的向上、向外气流对抗，二者既相互关联又相互制约，在不断地对抗中，歌唱中的气息运动得到了有意识的控制。

在歌唱过程中，两种不同力量的运动"气势"形成了对抗，由此爆发出了分贝高、音域宽、音色温润、穿透力强的具有艺术价值的声音。通常情况下，随着音乐作品内容的变化以及乐句的变化，呼吸力度也变化。为了更好地对呼吸进行控制，就需要充分运用生理学的相关内容与理论，科学地展开针对呼吸肌肉群的相关训练，使呼吸满而不溢、深而不坠。但是，歌唱中的呼吸仅仅靠有意识呼吸还是不够，还需要腔体、表情状态的积极配合，从而使声音更加通透、圆润、波动。

（二）歌唱呼吸的生理机制

1. 歌唱呼气的生理机制

气体交换是人体从外界空气吸进氧气，然后排出体内的二氧化碳。氧气和二氧化碳在肺泡和肺毛细血管之间进行的气体交换，被称为外呼吸或肺呼吸；氧气进入血液后，到达身体各组织内进行气体交换，氧被释出供给细胞利用，细胞代谢出的二氧化碳被血液带走，这种在组织内的气体交换，被称为内呼吸或组织呼吸。当呼吸肌肉群如膈肌、肋间外肌等放松时，胸骨、肋骨会随着回弹力以及自身重力回到原本的位置上，胸腔随之缩小，肺也因此回缩，这便是被动呼气产生的过程。

歌唱呼气，胸腔扩张，上腹部、两肋以及腰部会继续保持扩大的态势，使气息压力源源不断。与此同时，以丹田所在的位置为支撑点，有意识地控制腹部的收缩。在演唱较长的乐句时，呼气比较平稳、均匀，此时下腹部的收缩幅度小，收缩频率缓慢；在演唱短而急促的乐句时，呼气也随之变得急促、跳动起来，此时下腹部的收缩比较短促，与丹田、腰部、两肋以及上腹部形成对抗。呼气的好坏决定能否唱好一首声乐作品。在歌唱中，为使气息顺利地呼出，需要注意几个问题：首先，歌唱艺术的特点决定了生活中的呼吸与歌唱中的呼吸存在着差别。为了能够呈现出更加优美、灵动、持久、动听的声音，歌唱者必须掌控好自己的呼气。其次，在呼气时需要注意，吸气结束之后不要马上呼气，要有意识地延长吸气的状态，注意胸部不要塌陷，横膈膜和胸腔吸气肌肉都保持吸气状态时的张开状态。最后，呼气的关键在于像"闻花香"一样吸气以后，能否在呼气正常运转的前提下有意识地控制气息。有意识地控制气息是存在于延脑、桥脑及大脑皮质等处的控制呼吸神经细胞群的功能，即呼吸中枢。呼吸中枢可以使呼气和吸气有节律地交替进行，也可以改变呼吸的频率和幅度。例如，人体缺氧或者说是二氧化碳增高（如窒息）时，会引起呼吸中枢兴奋，使呼吸增强，从而排除过多的二氧化碳，吸入较多的氧气。

2. 歌唱吸气的生理机制

吸气时，吸气肌（主要指膈肌与肋间外肌）随之收缩，横膈膜向下运动，胸腔向前后左右扩张，胸腔体积随之增大，肺也得到了扩展，形成了主动的吸气运动。歌唱吸气时像"闻花香"，胸腔打开，双肩舒展，演唱者的口鼻通畅，咽喉部畅通无阻，气息经由鼻腔、呼吸道进入肺中，肺泡充盈，肺的体积随之扩大，两肋向外舒展，腰部以及上腹部产生了充盈与膨胀的感觉，气息下沉到下腹部，受到丹田与腰部的支撑，在下腹部汇聚。

歌唱初学者在吸气时间宽裕的情况下，建议运用鼻子吸气，除了卫生、气息吸得深以外，吸气过程中共鸣腔体的打开会更充分；对于已经建立正确的歌唱呼吸方法或者时间比较仓促的情况下，建议运用口、鼻吸气，因为运用鼻子吸气有吸气速度慢的问题；在时间紧迫的情况下，建议用口快吸的方式，但是气息会相对浅。

提倡胸腹式呼吸法，气息应吸在胸腔的下部，不可过浅或过深。气息过浅是胸式呼吸法，声音浅白且没力量；气息过深是腹式呼吸法，声音沉闷且不灵活。

吸气要平稳柔和，做到胸部整体地自然扩张，切忌用人为的强制性力量，避免吸气时的双肩向上耸。

吸气时的身体，自然直立、双肩舒展，保持相对放松的状态。吸气时的量要适度，吸得过饱会引起歌唱器官的紧张。因此，在演唱时，需要结合乐句的内容、长短、音阶高低、其中蕴含的情感等相关因素，来决定气息的吸入量。

在演唱中，吸气能够产生极为重要的作用，演唱者能否正确地进行吸气，关系到其能否完美地完成乐曲的演唱。如果使用了错误的吸气方式，歌唱也会相应地出现失误，但是，当演唱者使用了正确的吸气方法，却无法对气息进行平稳、均匀的保持时，演唱也会出现失误。吸气是为了呼气，歌唱过程就是呼气的过程，歌唱呼气过程中要始终处于吸气完成时的扩张状态，即使呼气结束也不应完全松掉。

（三）歌唱呼吸的重要性

声乐是声音的艺术，声音是由物体振动产生的，人的声音因发音体——在吸气的冲击下声带发生振动产生。之后，在气流与空气等介质的作用下，声音得以传播开来。呼吸是人生命活动的重要保障，呼吸的理论知识在初中七至八年级的生物课上就有系统的讲解，在各级各类声乐教材、著作以及文献中也有大量的表述。正确的呼吸有利于提升人的身心健康，如深呼吸可以刺激副交感神经系统，促使身体放松，减轻紧张和焦虑。同时，深呼吸带来的充足氧气有助于提高大脑的清醒度、注意力和思维能力。歌唱呼吸建立在生理呼吸基础之上，是经过有意识、有方法的训练强化了的呼吸。正确的歌唱呼吸是歌唱的动力，有利于获得科学的歌唱方法、华丽的声音色彩和丰富的音乐表现力。

一个人的情感表达可以通过呼吸的相关变化来进行表现，因此，在歌唱过程中，演唱者的内心情绪变化与起伏也能够通过呼吸来进行表达。呼吸能够对气息产生影响，气息能影响声音的发出与变化，因此对于歌唱而言，呼吸是影响音乐情感表现的根本因素，只有歌唱者使用了正确的呼吸方式，才能够充分表达出其中蕴含着的情感；但反过来，随着情感的变化起伏，又会对气息产生作用。通常情况下，人在感受到欣喜与愉悦时，会放声高歌；在感受到悲伤痛苦时，尤其极度悲痛时，则会带有哭腔；而在轻松惬意时，又会随心、放松地哼着小调。以上种种，均与歌唱者的情感相关。由此可见，在歌唱中，气息与情感有着密不可分的联系。

随着情感的变化发展，其外在表现形式被呈现出来，表现为叹息、喜气、生气、怒气等。而其内在的体现，则表现为气息的支撑。一个合格的演唱者需要掌握正确的呼吸方式，否则，哪怕自身情感再充沛，也无法完美进行表达与呈现，无法达到自己的预期效果。如何完整地表现声乐作品中的情感、如何细腻地处理声乐作品中的情感变化、如何准确地表达声乐作品的内涵，这些都需要正确呼吸的支持。例如，有些音乐作品气势磅礴，为了表达这种豪迈、热烈的情感，歌唱者需要用强有力的气息来进行支撑，从而完成演唱；对于那些轻松欢快愉悦的音乐作品，为了表现人们喜悦的心情，需要运用轻巧、灵活的气息去演唱；演唱低沉慢速的声乐作品时，为了表现人们忧伤的心情，需要运用慢呼、深沉的气息去演唱。可见，在歌唱中情感与气息的关系是密不可分的。

由此可见，呼吸兼具物质特征与精神特征，在现实表现中，表现为物质属性，但承载着相关精神，在情感表达中，以精神的状态呈现但包含着物质。对于歌唱者而言，其自身蕴含着丰富的情感，演唱是其中一种情感表达的方式，而歌唱的主体支持就是与情感相融合的呼吸。呼吸在歌唱中的具体作用如下：

1. 歌唱呼吸技能与音准的关系

音准是能够准确呈现声乐作品的第一要素。歌唱呼吸方法正确与否，会直接影响音准。歌唱呼吸方法错误，音准低，会出现"跑调"现象。此外，音准也会受到呼吸力度大小的影响。例如，歌唱者在演唱情绪起伏大、情感热烈的歌曲时，就会激发自身情绪，从而越来越亢奋，气息力度也会随之而增大，此时就容易出现音准偏高；演唱情绪悲伤的声乐作品时，由于情绪深沉、速度慢、乐句长，容易引起气息不够、音准偏低问题。此外，气息还会影响音域的拓展、声区的过渡以及与语言、共鸣器官的协调运动，甚至还会危害嗓子的健康，如出现声音嘶哑、声带闭合、声带小结等问题。因此，关于声音与气息的关系，就有船与水的类比，没有水的船不能开启，硬要拖行就会划坏船底。

2.歌唱呼吸技能与情感处理的关系

声乐艺术与绘画艺术一样,要用不同的声音色彩表现不同的感情。声音色彩,即"音色",是听觉感受到的声音特点,由基因和各次泛音组成,通常用明亮、暗淡、圆润等词组来形容。情感是态度在生理和精神上的表现,包括欢喜、悲伤、自傲、落寞、思念、希冀等。没有情感处理的声乐作品就没有色彩,就无从谈起作品的表现力,歌唱就会变得索然无味,听众自然感受不到美、欣赏不到美。气息的运用与控制(歌唱呼吸技术)直接影响音色,也直接影响声乐作品的情感处理。例如,在 2019 年,时年 73 岁的著名花腔女高音歌唱家格鲁贝洛娃(Gruberova)在中国举办了音乐会,在音乐会中,她用精湛娴熟的演唱技巧以及丰富、充沛、细腻的情感,为观众们带来了一场听觉盛宴,现场掌声不断,观众迟迟不肯退场。这充分证明:科学的歌唱呼吸技术,不仅会使歌者获得华丽的音色,充分展示歌者的音乐表现力,还会滋养歌者的声带(她的声音没有因为年龄导致的骨质疏松进而影响音准、音色,关键是音色还那么年轻态)。

3.歌唱呼吸技能是歌唱艺术的原点问题

音乐教育家、声乐理论家、歌唱家、翻译家李维勃教授指出"就声乐技术而言,西洋声乐发展可以概括为:17、18 世纪是强调歌唱气息的时代。20 世纪是突出嗓音机制研究的世纪",并对呼吸、发声机制、共鸣、神经等相关问题进行了总结,认为其为声乐中最核心的原点问题。21 世纪,科学家对于声乐科学的主要研究方向应该为"神经"在演唱中的影响与作用。正如韩德森强调:"从目前我国声乐界普遍的实际情况来看,人们对声乐知识的认识过程热衷于对核心外延的应用操作,却疏于对问题核心的探讨,即习惯于对已有经验的重复沿用,而忽略对问题的本质进行探究。"[1] 故而,对声乐科学展开的研究需要对声乐艺术的核心问题作出解答,从而探求出声乐艺术中所蕴涵着的哲理。歌唱技术由呼吸的运用、共鸣的产生、发声机制的调控组成,其中,呼吸起到主导作用,是歌唱技巧中最为核心的一部分。

---

[1] 韩德森.声乐教学法导论[M].北京:高等教育出版社,2014:77.

二、歌唱呼吸技能的训练

(一) 歌唱吸气训练

1."闻香水"式歌唱吸气训练

用轻轻"闻香水"的方法体会吸气的过程。具体做法如下：

（1）站姿

双脚间距差不多与肩同宽，腰部挺拔，双肩自然、舒展地打开，眼睛平视，喉位平行，下巴放松，最后左右晃动身体检查身体的重心是不是最合适。

（2）吸气

描述买香水的场景，设置选香水的想象空间，利用心理暗示请学生模仿轻轻"闻香水"的动作用鼻子吸气，氧气经呼吸道进入肺部，肋间外肌拉动肋骨、穹窿状的膈肌中部向下拉紧，导致胸腔扩张和吸入更多的气息，完成吸气动作后立即"叫停"，学生保持膈肌、肋间外肌等吸气肌肉群的状态，使学生真实、客观地感觉吸气运动过程，同时强化肌肉记忆力、感受力、想象力和神经反射力。

（3）总结

周而复始的几次实践后，通过边画图边讲解的方式，使学生能把自己的实践经验与科学的呼吸理论知识相融合。这样的吸气练习方法，自然、柔和、顺畅且深入，避免抽气声和不协调的吸气动作。

2."打哈欠"式歌唱吸气训练

利用人体的本能学习声乐，是非常有效的学习方法之一，如打哈欠。打哈欠是人犯困、脑缺氧时身体作出的本能反应，吸入更多氧气、排出更多二氧化碳缓解疲劳，还可以放松身体、锻炼喉部肌肉、舒展肺部组织、促进血液循环等。

（1）吸气

用轻轻"闻香水"的方法完成吸气后，用模仿"打哈欠"的方法继续吸气，此时呼吸器官的各个腔体大大地张开，甚至后咽壁会有"凉"的感觉，之后立即"叫停"学生接下来的动作，使吸气肌肉群保持状态，深化学习者对这一过程体验的肌肉记忆。

（2）协调机能

如果上胸、喉部有"僵"的感受，可以用边保持"打哈欠"状态，边做高抬手臂后的甩手动作来协调机能并找出吸气时的动态平衡，因为它们属于一个呼吸肌肉群。

（3）总结

周而复始的几次实践后，通过边画图边讲解的方式，使学生能把自己的实践经验与科学的呼吸理论知识相融合。这样的吸气练习方法，自然、柔和、顺畅且深入，避免后咽壁下降和不协调的吸气动作。

3."惊吓"式歌唱吸气训练

利用因意外而本能地作出"惊吓"的生理机能反应，能够进行快速的吸气，瞬间实现呼吸肌肉群的放松与收缩，不但提高呼吸肌肉群动作的灵活性，而且吸气既深又快。歌唱吸气利用"惊吓"过程中吸的部分，锻炼吸气肌肉群快吸的灵活度，进而表现出澎湃激昂的情绪。例如，在经典舞剧《白毛女》中，《女儿哭爹》这一选段就需要演唱者进行快速吸气，发出悲痛的哭喊声，表达出喜儿听闻爹爹惨死时的悲痛与愤怒。

4."坐"式歌唱吸气训练

前三种吸气练习方法，都是站式。相对于"站"式吸气练习的整体性，"坐"式吸气练习有助于强化后背辅助吸气肌肉的力量，如上后锯肌、竖脊肌、颈髂肋肌、胸髂肋肌等。

（1）坐姿

端坐在学生用椅的一个角，在不掉下来的前提下尽量往前坐，背部、腰部舒展、挺拔，前胸放松。

（2）吸气

用轻轻"闻香水"的方法完成吸气后，用模仿"打哈欠"的方法继续吸气，感受背部和腰部的膨胀感，然后前后晃动身体体会动态下的气息压力并深化吸气经验和肌肉记忆。

4."卧"式歌唱吸气训练

意大利威尼斯音乐学院研究生阶段的"人体自觉机能"课程，把"卧"式吸气练习放在课程的前半程,然后才是"站"式吸气练习,其目的是寻找建立在自然基础上的、健康的歌唱呼吸方法,探究声乐学习中的原点问题。

(1)平躺

身体平卧在地板上,双臂放在身体的两侧,手掌朝下或朝上据自身习惯,脖子、头和身体左右晃动寻找最舒服的重心,然后使身体慢慢放松下来、心境慢慢静下来、思想慢慢空下来,类似"冥想"。

(2)吸气

用轻轻"闻香水"的方法完成吸气,然后保持吸气肌肉群的张开,体会吸气过程中的自然和通畅。

(二)歌唱呼气训练

1. 无声的歌唱呼气训练

(1)姿势

歌唱站姿中双脚差不多与肩同宽,脚后跟、腰部、颈部下端舒展、挺拔,通过轻轻地"闻香水""打哈欠"完成吸气,然后把一只手放在肚脐下三指的位置(即丹田),感受辅助呼气肌肉的收缩与放松。

(2)呼气

模仿因热而吐着舌头的"喘气",保持吸气状态下的这种短促的呼气训练,有利于锻炼腹肌与呼气肌肉群收缩和放松的呼气运用与控制能力,有利于歌唱者感受气息在舌面以上的流动性。

2. 有声的歌唱呼气训练

在无声呼气训练基础上,有声呼气训练先从单音开始。

(1)姿势

正确的站姿,通过轻轻地"闻香水""打哈欠"瞬间完成吸气,然后上下齿轻叩,一只手放在肚脐下三指的位置,感受辅助呼气肌肉的收缩与放松。

(2)发音

用模仿"咳嗽"的方法找丹田发力时的触点,同时发长长的、平稳的、自然的"si"音,直至没有气息。周而复始地练习,气流通过牙齿缝是凉的,说明喉没有紧张。练习过程中，在保持动态平衡呼气运动时，可以加促进气息流动的动作，如长音不一定只是直线。切记没有气息就停，绝不可以用"挤"的办法延长呼气的时间，这样的时间长度不但证明不了气息训练工作的有效性，反而会影响健康。

（三）歌唱呼吸的训练

在中文中，"呼吸"这个词组由"呼"与"吸"这两个完全相反的过程组成，而在英文中，则用"breath in"表达"吸"，用"breath out"表达"呼"，二者也是截然相反的。然而，将"呼吸"置于歌唱的环境下，有些人就产生了错误的认知，认为呼吸是一种持久的对抗力量，导致"呼"与"吸"二者的失衡，阻碍了歌唱的流动性，甚至影响音准。

呼吸方法有三种，即胸式呼吸法、胸腹式呼吸法、腹式呼吸法。就歌唱呼吸而言，世界公认胸腹式呼吸方法是最适合歌唱的呼吸方法。歌唱呼吸训练第一要建立在自然基础之上，尊重身体的客观条件；第二，了解呼吸的科学原理，避免主观臆断；第三，在实践与理论反复印证中循序渐进、长期稳定地训练。歌唱呼吸训练的具体要求如下：

1. 正确的歌唱呼吸站姿

双脚间距差不多与肩同宽，腰部挺拔，双肩自然、舒展地打开，眼睛平视，喉位平行，下巴放松，最后左右晃动身体检查身体的重心是不是最合适，可以随时用双手叉腰等方式检查或帮助训练情况。

2. 正确的歌唱呼吸方法

像"闻香水"一样轻轻地吸气，气息通过口鼻、咽、喉（上呼吸道）、气管、支气管（下呼吸道），氧气进入左、右两肺，接着肋间外肌拉动肋骨向外扩张、穹窿状的膈肌向下扩张，胸腔随之扩大。像"打哈欠"一样轻轻地继续吸气，气息同样经呼吸通道进入气体置换的肺，这个过程中的口腔，关键是咽腔、头腔受到了积极的影响。

吸气运动完成并转为呼气运动，根据自己的喜好选择用无声呼气训练法或有声呼气训练法但是需要强调保持腔体的打开、气息的压力以及呼气肌肉群的辅助作用与气息流动的自然、均匀、平稳。日常生活中说话、叹气时的呼气，是通过膈肌的放松、胸腔和肺部的自然回缩完成的。但是，歌唱的呼气为了保证歌唱中的声音质量，需要有意识地控制呼气的速度、频率、幅度等。

3. 保持歌唱呼吸的协调运动

在歌唱过程中，呼吸神经对呼吸肌肉群进行调控，实现吸气运动与呼气运动的平衡，将其运用于歌唱中。歌唱中的呼吸是保持动态平衡、交替往复的循环运动，如同走路时交替工作的左脚和右脚。

气息的流动性就像水柱上的球，水柱只有持续地冲击球，球才能持续地转动。同理，呼气过程中的声音，"气柱"只有持续地冲击声带，声带才能发出持续流动的声音。

呼吸对于歌唱的重要性，古今中外的歌唱家和声乐教育家都有许多精辟的论述，如中国民族传统声乐中就有"善歌者，必先调其气"；[1] 意大利帕瓦罗蒂也有："谁掌握了呼吸的秘诀，谁就学会了歌唱。"[2] 通过不断地探究与学习，经过反复的整体与专项训练，学生都会逐渐掌握对歌唱呼吸的运用与控制能力。

第二节　高等师范音乐教育歌唱发声技能的训练

一、歌唱发声原理与声部划分

（一）歌唱发声原理

声音由物体振动产生。吸气经口、鼻、咽、喉、气管、支气管到肺部完成置换气体以后，呼气按原路呼出。当"气流"到喉，并冲击喉内人体的发音体——两片闭合挡气的声带（楔形）时，即产生振动和发声。发音体发出一系列频率、振幅各不相同的振动复合而成的复合音，复合音包括基音和泛音。基音是发音体振动过程中频率最低、整体振动产生的音，它决定音高；泛音是发音体部分振动

---

[1] 曾献飞.《乐府杂录》疏证[M].南昌：江西教育出版社，2015：40.
[2] 张倩.帕瓦罗蒂的天籁与浪漫[M].北京：东方出版社，2008：20.

产生的音，它决定音色。经振动产生的声音在胸、喉、咽、口、鼻等腔体得到共鸣，经过共鸣的调节与扩大发出的声音响亮、圆润、好听（图 3-2-1）。

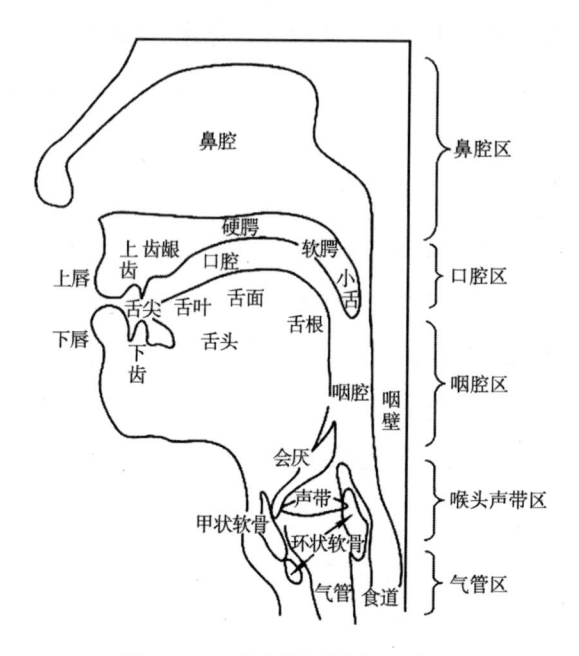

图 3-2-1 发音器官纵侧面示意图

声音有高低强弱之分。声音的高低声带振动频率越快，声音越高；声带振动频率越慢，声音越低。声音的强弱表现为声带振动幅度越大，声音越强；振动幅度越小，声音越弱。歌唱声音与我们平时说话声音的发音原理是一样的，但是为了提高歌唱声音的表现力和声音的质感，它是被有意识地训练、强化了的声音。进行高音演唱时，口腔开度增大，气压增强，声带变得既短且薄，上部共鸣腔体作用明显；进行低音演唱时，下部共鸣作用明显，气压小，声带拉长增厚；进行强音演唱时，呼气强，声带振动幅度大；进行弱音演唱时，呼气弱，声带振动的幅度较小。没有学习过声乐的人或者没有规范学习过声乐理论的人，越是遇到高音就越是用喉部的劲儿，声音的高低、强弱都由喉部肌肉调节，出现高音上不去、低音下不来，还有声音的挤、卡、压以及嗓子疼痛、嘶哑等现象的出现。如此破坏歌唱整体的协调与平衡，不但很难完成一首完整的声乐作品，而且容易引发身心健康的问题。

人声除了具有高低、强弱之分以外，还有其自身的艺术特点。在共鸣腔的调节下,演唱者可以发出不同的音色,如上部共鸣,可以使声音变得明亮、饱满、富有穿透力;下部共鸣,可以使声音变得低沉、浑厚、铿锵有力。

歌唱发声的机制是心理、生理、物理综合作用的统一体。歌唱发声的形成是由呼吸器官、动力源(气息)、呼吸肌肉群、肺部和气管的气流压力冲击发音体——声带振动发声,还有歌唱声道喉、咽腔内产生的"伯努利效应"、喉内肌群的综合调节作用形成的气流柱振动。歌唱发声的指挥中心是大脑皮质神经中枢,发声的动力基础是呼吸的有效控制,发声的根本条件是喉头的正确安放与楔形声带的振动形态,发声的技巧是发音机制调节的协调运动。练习歌唱发声,旨在实现嗓音的艺术化、歌唱化以及共鸣化。歌唱发声是声乐艺术表现的技术状态,歌唱发声是调节嗓音的生理功能从而产生物理功能、艺术功能的过程。

1. 声带发声的状态

(1)声带发声的激起状态

在歌唱过程中,演唱者在心理与神经的驱使下,对发声器官、呼吸器官、身体机能等进行调控,使其服务于歌曲演唱。歌唱的发生机制以"伯努利效应"为重要的物理依据。在呼吸的过程中,喉管内部形成巨大的吸力,对声带产生影响。气息是发声的动力所在,所谓声带发声的激起状态就是指在相关肌肉群与呼吸器官的作用下,产生的气流对发声器官产生影响,从而引起发声器官的本能反应,其本质为气息压力与声门挡气之间的平衡。在现代嗓音生理学理论中,当人们开始发声时,在呼吸器官的作用下,气息到达声门,在"伯努利效应"的影响下,环杓侧肌开始收缩,进而相互靠拢闭合,环甲肌也开始收缩,使声带紧绷,从而在声门处产生阻力。在气息压力的作用下,声门下气压增强,当气压超过了声带的最大承受度之后,气流就会冲破阻碍,通过声带向两侧分开。声门开放是一种自后向前的运动,而声带则向上、向外,当气流突破声带时,声带会做向下、向内的运动,然后在声带本身的弹性作用以及环杓侧肌的作用下,声带重新闭合。声带的震动是在规律性地冲开与闭合的过程中产生的,气流在通过声门时,会形成气喷,令喉下腔管内部气流在稀薄与浓稠之间反复,进而形成声波。在弹性作用的影响下,管内气流产生巨大的压力,形成一股压缩波,令声波在335.28米/秒的速度下冲出体外,由此,便形成了可以被听到的人声。

（2）声带发声的运动状态

声带发声时，物理运动有四种变化，即振动质量、振动方式、振动张力、振动幅度，生理运动有四对矛盾，即伸长与缩短、变厚与变薄、闭合与不完全闭合、松弛与紧张，这四种变化与四对矛盾在人声全音域的不同声区都得到不同程度的反应与体现。在进行中、低声区的演唱时，声带振动幅度大，声带长、厚、宽，声音雄壮、有力；唱高声区时，声带以轻机能状态边缘振动，振动幅度较小，声带短、薄、窄，声音嘹亮，有穿透力。唱假声时，声带肌肉、杓间肌都是相对松弛的，因此杓状软骨的后部不闭合（有一菱形缝隙）。在低音区唱假声，声带全长闭合不严；在中声区唱假声，声带有一半闭合不严；在高声区唱假声，只有一菱形缝隙，其余都闭合。声带有纵、横、斜三向肌束纤维走向，因此可以在喉内肌群，例如甲杓肌（声带肌）、环甲肌的协调作用下产生多种振动形态，如上下振动、左右振动、整体振动、部分振动、边缘振动等。声带振动形态和张力与气息压力有关。气息压力大，气势强，声带拉紧、张力加大、缩短变薄、边缘振动；气息压力小，气势弱，声带松弛、张力减小、变长变厚、整体振动。声带运动张力的变化对发声的频率与振幅产生直接影响。在不同的张力作用下，声带进行振动产生声波，每秒钟振动的次数就是基音频率。音的高低受到基音频率的影响，当演唱者进行高音演唱时，声带振动频率快，声带短且薄，具有较大的张力；而在进行低音演奏时，声带振动频率慢，声带长且厚，张力小。声带振动的幅度大小，能够决定声音的大小和强弱，声带振动幅度大，发出的声音就大、强；反之，声带振动幅度小，声音就小、弱。

2. 声门闭合

声门闭合是声带运动与发声机制的主要生理功能。加西亚（Garcia）曾讲："呼吸是基础，声门是关键。"[1] 因为声音嘶哑、漏气、发声不明亮的主要原因就是声带闭合不良，良好的声带闭合是发声起音和跳音的基础，而良好的起音又是正确发声的基础。从客观上来检验，当一个人声带因感冒或疲劳出现充血、水肿、发炎等健康问题时，声门的闭合和声带的振动是一定会受到影响的，这时候即使他有最好的头腔共鸣、面罩共鸣或最"集中"的"焦点"也无能为力。

---

[1] 周映辰. 歌唱与聆听 中西方歌唱技术的历史研究 [M]. 北京：人民音乐出版社，2008：12.

关于声门闭合还有另一种说法，即演唱时有"声门下有压力的感觉"，这是声门闭合良好而产生的一种感觉，是自然的正常的感觉。反之，如果过度注重"提小舌""打哈欠"，就很容易声门松弛，舌根向下塌，丧失声门下有压力的感觉，如此，声音就会变得虚浮，没有质感，严重的甚至会出现漏气的现象。

声带闭合的调整分胸声、头声、假声。唱胸声，声带闭合紧密，声带以全部长度、宽度、厚度振动，所以有金属声音色彩；唱头声，声带闭合紧密，声带以局部长度、边缘振动，所以有金属声音色彩；唱假声，声带会有一道菱形的缝隙，无法紧密闭合，声带以局部长度、边缘振动，所以音色上缺少金属声音色彩，声音"虚"。从胸声转入头声或从头声转入胸声，不同点在于声带从重机能状态转入轻机能状态、从全部长度振动到局部长度振动（边缘振动）、声带有长短薄厚变化，相同点在于声带都闭合；头声转入假声或从假声转入头声，相同点在于轻机能状态、声带都以局部长度振动，不同点在于声带闭合与否。从头声转入假声或胸声，过渡都会较平稳；从胸声转入假声或从假声转入胸声，容易出现破裂音现象，主要原因就是声带闭合与否的问题。

3. 舌位

人体发声器官中，喉、咽、口、舌、唇是可调整部分。喉的调整包括喉头位置的升降，声带的调整包括轻机能状态和重机能状态的转换，声门挡气作用的调整，喉外肌的紧张与松弛、真假声的交换或者混声的运用等。咽的调整影响咽管的长短粗细。软腭抬起与否影响是否有鼻音。当软腭和悬雍垂上提、喉头下降时，咽管会像因扯长而变细的橡皮筋，因为肌肉拉紧，口咽部分的两侧柱肌使咽管变细。在这些可调整的部分中，影响声道变化和母音变化的决定因素是舌。

舌由舌尖、舌面、舌背、舌根四部分组成。舌背和舌根是歌唱中最重要的因素之一。舌根对于改变咽腔形状和大小有重要的作用。舌根的错误运用与歌唱中发声技巧和不正确的发音习惯有直接关系。舌根末端与舌骨相连，因此牵动舌根，舌骨也会受到影响，进而影响到音质与共鸣。在舌骨上作用着两股力，在两组不同的肌肉群的作用下进行对抗。一股是下拉的力，肌肉群位于舌骨之下；另一股是上提的力，作用于舌骨之上。往下拉的肌肉群，包括胸骨舌骨肌、胸骨甲状肌、甲状舌骨肌、肩胛舌骨肌等，起着拉下舌骨、压下喉头、稳定喉壁的作用。往上拉的肌肉群，包括向上前方拉和向上后方拉的两组肌肉群，起着提高舌骨和喉器、稳定喉咙的作用。

在歌唱中要取得往上、往下拉舌骨与喉器的两组对抗肌肉群的力量平衡。通常情况下，向下拉的肌肉群比向上提的肌肉群作用力要强，前上方比后上方的作用力要强。故而，歌唱家在演唱时，面对高音，就要努力调动后上方的力，将关注重点落在后上方处，感到后上方的吸力，为此，演唱者可以适当放松下巴和前颈，使舌骨后上方的肌肉能够充分发挥作用。

舌骨与咽喉器官联系紧密，故而随着舌骨的变化，咽部空间也会随之发生改变，喉中声带的长短、薄厚、张力大小、弹性强弱也会发生改变，进而对音质、音色产生影响。例如，开口哼鸣由于舌背贴软腭，舌骨、喉位随之上提。反之，如果舌根使劲下压，会导致喉位下降过低。

舌面肌肉僵硬对发声的影响大，主要因为舌根后缩或下压。第一种情况是舌根后缩，使舌尖也随之后退。解决建议为发声时，舌放平、舌尖轻抵下牙床、舌两侧贴臼齿，有利于舌头的放松和口咽腔的扩大。第二种情况是舌根下压，造成舌面、舌背僵硬。解决建议为发声时，用开口音"i""e"解决。第三种情况是舌尖上翘，造成舌部整体紧张。解决建议为放松舌面，做意大利语大舌音"r"的练习。声音明显受到舌后部位高低的影响。在生理学当中，声音靠前演唱，舌位与"i""e"这种前元音舌位的位置相近，此时，舌的后部位置高，声音色彩较明亮。反之，声音"靠后"唱时，舌后部位置较低，舌根下降，喉头也随之下降，声音色彩柔和。

（二）声部划分

演奏乐器的学习过程是演奏者了解乐器结构、掌握乐器相关理论知识、驾驭乐器演奏技巧、表现乐器自身特点的过程。声乐演唱者学习声乐的过程亦是如此，歌唱者必须认识自身这件"乐器"。人体发声器官在构造上基本相同，由于个体在体型、体质上的差异，带来喉的大小差异、声带的长短薄厚宽窄的差异、共鸣腔体大小的差异以及性别、心理的差异等，这就是声乐需要进行声部划分的理由所在。

1. 按照艺术嗓音医学划分声部

在艺术嗓音医学的相关理论下，声乐声部被划分了出来。我国最早开始对艺术嗓音医学进行分析研究是在 20 世纪 50 年代，关于其最早的相关文献出自《发声生理和歌喉保健问题》，由冯葆富教授所著，冯葆富教授也因此被誉为艺术嗓音医学奠基人。艺术嗓音医学关注目标对象的声带、声道长短以及咽喉部位的状态，利用先进的医疗设备，在科学的研究手法下对目标对象进行观察与研究，进而得出结论。

在高声部中，声道、声带较短，硬腭呈现出陡、窄、深的特点，会厌部位呈现"Ω"形，声带与腔体的状态比较协调匹配。

在中低音声部，声道以及声带偏长，硬腭呈现出圆润、宽、深的特征，会厌部位表现为大叶型，声带与腔体的状态协调匹配。在现实生活中，许多人的声带与腔体都不匹配，有些人声带短，但是腔体适合于低声部演唱，当面对这种问题时，就需要判断其中的主导因素，从而进行声部划分。

2. 按照音域划分声部

音域是指人或乐器所能够达到的最高音与最低音之间的范围。在根据音域进行声部划分时，需要结合演唱者的歌唱音域与日常说话音域来进行综合考量。

（1）女高音

女高音的歌唱音域一般情况下在小字一组 c 到小字三组 c 的范围内，说话音域落在小字一组 d 到小字二组 c 的范围内。

（2）女中音

女中音的歌唱音域一般落在小字组 a 到小字二组 a 的区域内，说话音域落在小字组 b 到小字一组降 b 之间。

（3）女低音

女低音的歌唱音域介于小字组 e 到小字二组 e 之间，说话音域则介于小字组 a 到小字一组 g 之间。

（4）男高音

男高音的歌唱音域介于小字组 c 到小字二组 c 之间，而说话音域介于小字组 d 到小字一组 c 之间。

（5）男中音

男中音的歌唱音域位于大字组 A 到小字一组 a 之间，而说话音域则位于大字组 B 到小字组降 b 之间。

（6）男低音

男低音歌唱音域在大字组 E 到小字一组 e 的范围内，说话音域则在大字组 A 到小字组 g 之中。

3. 按照音色划分声部

音色是声音的色彩，也被称为音品、音质。音色受到泛音的作用与影响，而泛音则受到发音方式、振动方式、发音器官生理状态的影响。

（1）女高音

对女高音的音色进行分析研究，可将其划分为抒情女高音、花腔女高音、抒情花腔女高音和戏剧女高音。其中，抒情女高音声音柔和、明亮，蕴含情感丰富，适合演唱旋律性强的曲调，在歌剧中常常扮演年轻女性的角色。花腔女高音演唱技巧性强，音色清脆灵动，蕴含欢快热烈的情感，有着较多的装饰音。抒情花腔女高音兼具抒情女高音与花腔女高音两者的特色，独具魅力。戏剧女高音常用于气势蓬勃、极具力量的曲调中，音色张力十足。

（2）女中、低音

对女中音的音色进行划分，可以分为抒情女中音、花腔女中音、戏剧女中音。抒情女中音音色比较深沉、醇厚，饱含意蕴，常用来演唱音域窄、旋律性较强的乐曲，在有些时候还可以进行反串，演绎那些单纯的少年。花腔女中音蕴含着的技巧比较多，音色有质感，常用来表达不安或热烈的情感，装饰音较多。戏剧女中音则穿透力强，能够激发音乐的戏剧性，强化角色形象，音色较为深沉。女低音音色低沉，多饰演老年妇女的角色。

（3）男高音

据音色分为抒情男高音和戏剧男高音。抒情男高音音色嘹亮、高亢、灵巧，高声区柔韧自如、中声区圆润丰满，蕴含丰富的情感色彩，多用于旋律性强的曲调当中；而戏剧男高音则声音嘹亮强壮，高声区坚实、中声区响亮、低声区沉稳，多用来呈现英雄的人物形象，承载着激昂的情感。

（4）男中、低音

结合男中音的音色，可将其分为抒情男中音以及戏剧男中音。对于抒情男中音而言，音色复杂丰富且深沉，常出现在稳重的乐曲选段中。戏剧男中音则能刻画出丰富的人物形象，声音雄厚。男低音音色苍劲，多饰演老年男士的角色。

二、歌唱发声技能的训练

（一）起音训练

发声训练前，歌唱站姿是两脚差不多与肩同宽、腰背挺拔、双肩舒展打开，轻轻地像"闻花香"般吸气、腔体打开。发声训练开始时，发声开始的最初一刹那即起音。歌唱起音分为硬起音、软起音、舒起音。

1. 硬起音

硬起音是发声前，呼出气流未到达声门，而声门已经先行闭合的一种起音方式。硬起发声时，声带闭合力度较大，对呼气气流的阻碍明显，致使来自声门下面的气息压力大并强行通过闭合较紧的声带，致使声音效果干脆、有力。在开展发声练习时，常常利用顿音以及跳音来训练硬起音，同时对训练者声带漏气的情况进行纠正。练习硬起音需要采用急促的呼吸方式。

2. 软起音

软起音是呼气气流经声门的一瞬间，闭合声带振动发声的一种起音方式。软起音时声门闭合力度相对柔和，对呼气气流的阻碍相对于"硬起音"比较柔和，声音效果自然圆润、舒展丰满。在声音训练中，软起音通常用于长音、连音的练习，也用于纠正喉音的问题，与之相适应的呼吸方法是缓呼缓吸。

3. 舒起音

舒起音是发声时，呼气气流先于声门关闭通过声带，并使声带振动发声的一种起音方式。因为这样的起音在声带闭合前，是先出"气"后出"声"，像叹气一样有"漏气"的现象，所以舒起音的声音效果犹如在发母音前加了"h"音，声音空洞无力、轻浮不稳。声乐训练中，舒起音通常用于通俗唱法的声乐作品，也用于纠正声音僵硬的问题。

总之，歌唱中的不同起音方式，对声音的音质、表现力有直接影响。学习和掌握不同的起音方法是声乐技能技巧训练的重要内容。

（二）颤音训练

颤音（Vibrato）是声乐作品中常用的装饰音，有烘托和渲染的作用。关于颤音的产生有两种说法。第一种是先天说，如兰培尔蒂（Lamperti）的《关于歌唱的技巧》："真正的颤音是天生的才能。反对的意见说服不了我……一个没有这种才能的学生，假如他放弃加紧练好颤音，他做得很对，努力练好颤音的唯一结果要不就是使咽部神经麻痹，要不就是嗓音发抖或出现其他改不掉的毛病。"第二种是后天说，如加西亚的《歌唱艺术论文大全》："某些人往往抱有一种成见，说什么颤音是特殊的天赋，天生缺少这种歌唱才能的嗓音应放弃它；没有任何意见比这更荒谬的了。"这种荒谬体现在没有承认后天努力的意义。天赋固然重要，但也要勤加练习。

颤音分为自然颤音和特殊颤音。自然颤音有自然、均匀的特点，属于微颤（颤动幅度小）；特殊颤音是在自然颤音基础上的、机械力度更强的颤音，如中国的民歌、戏曲所用的嗖音，颤动幅度大，属于抖颤。从发声实际看，颤音产生于波动感，米勒的《艺术歌唱中滑音歌唱的波动》："根据专家对68个滑音歌唱的研究表明，艺术歌唱中100%的发声都有波动音。"这里的波动音指的就是自然颤音。演唱者通过控制自己的气息，调控声音的强弱，令声带发出周期性的震颤，由此便发出了自然颤音。自然颤音的出现还与大脑神经紧密关联，演唱者有意识地对发声肌肉群进行舒张、收缩，改变声带的状态，围绕着某一个音节进行震颤，使音质变化具有规律性。

颤音是特殊的装饰性歌唱发声技巧，颤音训练多以单音延长的方式加以练习，也可以采用简单的级进或三度音程的方式练习。练习过程中要注意站姿、气息，发声时，在基本音与上方音或下方音之间，依靠呼气的气流冲击所产生的震颤来引导，做快速更替、转换，保证音色的饱满与圆润，声音的连贯与松弛。

颤音结束通常在基本音上，也可以采用回音方式结尾。注意克制机械振动的生硬性，避免肌肉用力压迫或晃动喉部，使其负担过重，陷入不自然的节律性嗓音颤抖和声音摇晃，导致嗓音失去灵活性，甚至产生嗓音的疲劳感。合乎生理规律的颤音、符合声乐作品风格和节奏特点的颤音，都能使歌声更具有动感和魅力，是歌唱艺术中不可缺少的歌唱技术技巧。

（三）过渡声区训练

人声有真声和假声两种机能的存在。声区是歌唱者所能达到的最低音至最高音的范围。迄今为止，在声区的划分中，三个声区理论占据了主导地位，也就是说，对于任何一个声部，都由高声区、中声区、低声区三个部分组成。例如，在女高音的声区划分中，高声区为小字二组 f 以上的音域；中声区在小字一组 f 至小字二组 f 之间；低声区处于小字一组 f 以下的音域范围内。基于人体生理变化规律进行声区划分，旨在通过具体歌唱技能技巧，使真声和假声适度混合。真假声的混合程度，通常是音越高假声越多，头腔共鸣越丰富；音越低真声越多，胸腔共鸣越丰富。掌握真假声的混合，能获得无痕的声区过渡、宽广的音域，提高歌唱能力、音乐表现能力。

没有经过声乐学习的人，歌唱处于自然、原始状态，音域狭窄，通常是八度音程左右。在这个音域内歌唱，喉头能够轻松保持稳定状态，歌唱机能比较松弛，歌唱状态轻松自然。但是伴随着音高增加就会出现难听的音色、破裂的声音，这一段正是中声区到高声区的"过渡声区"。这个难题是每一位歌唱从业者或学习者都曾碰到过或正在解决的问题，是普遍性的问题。解决好"过渡声区"的问题，尤其中声区到高声区的"过渡声区"的问题非常重要，一是为唱高音打基础，二是加快学生的学习进程，三是这个声区通常是声乐作品即将进入高潮或尾声的准备区域。解决训练方法如下：

1. 协调气息与喉咙的关系

气息与喉咙是歌唱的物质基础。呼吸是歌唱的动力，喉咙内的声带是声音的发音体，所以协调好二者的关系是歌唱的基础。

（1）吸气

轻轻地"闻花香"一样吸气，气体从鼻，经咽、喉、气管、支气管到肺，注意此时的喉作为"气道"是打开的。

（2）呼气

气流从肺，经气管到喉，当气压在声带以下积聚到冲开声门，声带振动发声，注意此时的喉作为"声道"是打开的。

（3）气息与喉咙统一协调

初学者或者是学习不得法者，常会出现挤、卡、压的声音，问题的根源是没有得到呼吸的支持，必然会导致本能地用喉部肌肉去帮忙、去支撑声音，导致喉咙紧，声音挤、卡、压，无法唱出"过渡声区"的音高。

2. 协调假声在各声区的作用

在进行声乐学习时，常常需要用到假声。在演唱假声时，喉咙需要保持开放通畅，在稳定的气流下形成"气柱"，由此发出的声音空灵、圆润、婉转、悠扬。在声乐训练中，我们需要充分发挥假声，将其运用于各个声区，与真声进行巧妙的融合，从而获得混声，同时获得音域的拓展。

（1）气息

保持吸气时的状态与呼气时的气息流动性。

（2）音与字

每一个音与字都要在假声位置上，音与音、字与字之间的转换动作要小。

（3）练声曲

通常用从高到低的五度音程发声曲，因为高音容易与假声位置契合，直到最低音都要保持在气息和假声位置上。

（4）找假声位置

通过不出声地向远方喊人或急切地与人说悄悄话的方式，找到假声位置，再在气息、假声位置上混声歌唱。

3. 协调弱声在各声区的作用

声乐初学者在歌唱时会盲目地追求大音量。自己听自己的声音很大，往往不正确，那是歌唱者听觉上的主观判断。为了克服这一问题，学习者可以进行弱声训练。开展弱声训练有助于帮助学习者调节声带、调整共鸣器官，有助于减少大声歌唱时由于过分用力出现的歌唱不平衡现象，建立先想象与准备后歌唱的好习惯。为了有效地开展弱声训练，需要充足的气息进行支撑，练习者需要让喉头保持在一个稳定的良好状态内，实现头腔共鸣，弱音与强音虽然位置相同，但弱音气量较少，气息以及气息密度较强。

练习方法为用弱声找高位置，从中声区开始，先上行后下行。

用弱声练习演唱时，需要紧绷声带、集中声音、开放腔体，获得气息的支撑。有一点需要重点注意，对于内口腔，要充分发挥声带以及气息的作用。此外，用甩手臂的方式能够协调其他机能的紧张。

用弱声练唱，注意软口盖的抬起，软口盖是口腔到头腔的主要途径，用好这个调节器是唱好高音的关键。弱声训练是"引导"，是获得头声的手段，目的是实现各个声区"柔而不虚""强而不炸"的声音。

第三节　高等师范音乐教育歌唱共鸣技能的训练

一、歌唱共鸣的类型与作用

共鸣是一个物体振动时，激起固有频率和发音频率相同或成倍数关系物体产生同样音高的声音，从而扩大原有物体振动频率的过程。呼吸是歌唱的动力，呼气时气息使声带振动发声，它是微弱、细小、无色彩的单纯音，当它经过喉腔、咽腔、口腔、鼻腔、头腔和胸腔共鸣以后，声音被扩大和美化。共鸣腔是人体发声的重要共鸣器官，由可变共鸣腔和固定不变共鸣腔组成。其中，可变共鸣腔顾名思义就是可以进行有意识控制的声腔，包括了口腔、咽腔、喉腔等。其中口腔的大小状态、舌头的松紧薄厚、咽腔的舒张收缩、喉头的上下活动等都可以进行人为调控，有着固有特性和多变特性。而固定不变的共鸣腔则由头腔、鼻腔、胸腔构成。明朝魏良辅的《曲律》中写道："听其吐字、板眼、过腔得宜，方可辨其工拙。"所谓"腔"，即"共鸣腔"，是声音类型、强弱、风格的简称，是共鸣的标尺；所谓"共鸣得宜"，即指声区转换自然连贯。

（一）歌唱共鸣的类型

1. 胸腔共鸣

胸腔共鸣是人体躯干部分的胸腔振动，包括气管、支气管和肺，由于共鸣腔体大，声音色彩相对较浑厚、有力。胸腔共鸣在各个声部的各个声区都有，只是低声区比例较大，中、低声部运用较多，这是由歌唱者自身的生理条件（声带、固有共鸣腔体的形态，口、咽、喉部肌肉组织的调节能力）决定的。例如，高声部的歌唱者在进行高音演唱时一定会运用胸腔共鸣，否则会出现憋闷、气息流动差、胸腔共鸣少等现象，声音也会变得单薄、僵硬，缺少动感和感染力。

中、低声部歌唱者运用胸腔共鸣较多，但是往往会因为过于关注胸腔共鸣而忽略了喉头，造成了喉头的压迫，还有部分歌唱者把喉音当成胸腔共鸣。胸腔的正确状态是建立在正确的歌唱站姿、发声方法基础上的，在歌唱整体协调过程中，胸腔不能过于下降，也不能过于挺直，要适中，符合生理规律。在演唱低声区时，利用叹气的手段进行发声往往能够取得意想不到的效果。意大利当代著名声乐教育家吉诺·贝基在教学中比喻："腹部和横膈膜运动是油门，而胸部是刹车闸。"[1]这句话说明胸部与腹部运动的关系，同时也强调了胸腔的重要性。

2. 口咽腔共鸣

口咽腔共鸣是人体口腔和咽腔的振动，包括唇腭、舌头、口腔和咽部。口咽腔共鸣非常重要，除了有扩大、美化声音的作用，还是胸腔共鸣和头腔共鸣的基础。与此同时，口腔除了是共鸣器官，还是语言器官。

为了充分获得口咽腔共鸣，我们会像"打哈欠"一样充分张开口腔、抬高口腔中的软腭。软腭位于口腔的上部、硬腭的后面、后段靠近咽喉部位，对语言和歌唱有重要作用。意大利声乐教育家兰培尔蒂认为必须练好能够控制软口盖（软腭）上小舌头（悬雍垂）的能力，因为漂亮的发声、呼气的延续和整个发声器官的工作都取决于小舌头的正确位置。但是，过分抬高软腭会关闭通往鼻腔的通道，出现鼻子不通的感冒声音或声音后倒的现象。

3. 头腔共鸣

头腔共鸣由颅骨空腔共振而形成。所谓的颅骨空腔，指的是鼻窦，鼻窦有不

---
[1] 田玉斌. 谈美声歌唱艺术 [M]. 拉萨：西藏人民出版社，1995：70.

同的组成部分，其中能够承载气体的有4对，左右对称进行排列，分别为：

（1）上颌窦

上颌窦是鼻窦中最大的空腔，处于鼻前庭两侧。

（2）额窦

额窦的形态为上尖下宽，由于其空窦较小，故而容易产生高频泛音，处于中颌骨两层骨板的夹缝中间。

（3）筛窦

筛窦是一些不规则的小空腔，处于鼻腔上方筛骨之内。

（4）蝶窦

蝶窦位于蝶骨内，鼻腔的最后方，比额窦大约两倍。

获得头腔共鸣，首先要摆正它与气息的关系。在邹本初老师《歌唱学——沈湘歌唱学体系研究》一书中，提到沈湘老师曾说过："一个好的共鸣音响，声音里面总是混着气儿的感觉。这个气儿来源很深，胸腹之间的气儿和上面各种空腔都互相通着气儿。上下通气儿，里外通气儿，音儿越高，气儿越通。所以说，'高位置'与'深呼吸'是辩证统一的整体。没有'深呼吸'就没有'高位置'，没有'高位置'说明歌唱时所利用的气儿不深。"由此可以看出，基于气息的有力支撑，共鸣得以实现，而对于头腔共鸣而言，则需要更充足的气息进行支撑。

头腔共鸣是最具魅力的共鸣，它使声音明亮、富有穿透力。任何声部、声区都有头腔共鸣，只是有比例多少上的差别。缺乏头腔共鸣的声音，会显得浑浊、笨重。对于女高音和男高音而言，头腔共鸣的作用更加显著，几乎能够影响到声音质量的高低。

4. 混合共鸣

人体共鸣器官的原始构造是相对固定的，但是人和人之间的构造是有区别的。它与歌唱者的体格、体质有关，也与歌唱者的歌唱方法、歌唱心理有关，前者是先天因素，后者是后天因素。学者马腊费奥迪在惊叹世界著名男高音歌唱家卡鲁索的演唱时说："卡鲁索具有音乐的骨骼。"[1]

---

① 马腊费奥迪.卡鲁索的发声方法：嗓音的科学培育[M].郎毓秀，译.北京：人民音乐出版社，2000：77.

人声共鸣建立在整体的基础之上，歌唱共鸣训练开发人体整体的共鸣腔体，以达到歌唱所需要的声音共鸣。从这个角度上讲，需要强调歌唱站姿、呼吸方法和发声方法的科学性和整体协调性，不能仅突出强调局部内容，还要立足于整体，考虑到整体共鸣的重要作用。整体共鸣才是丰满的，由局部共鸣组成，是整体的混合共鸣。卡鲁索曾告诉人们："当我有时要唱响亮的或戏剧性强的歌曲时，我感到振动传进我两腿的骨头内。"[①] 正如马腊费奥迪博士在谈到卡鲁索的歌唱时所说："他的又宽又结实的骨架的整体就是他声音的出色共鸣箱。"[②] 这里所说的共鸣，正是混合共鸣。

（二）歌唱共鸣的作用

利用歌唱共鸣，能够有效进行音色美化、声区调节、提高音响效果。如果没有良好的歌唱共鸣，那么声音也无法达到一个良好的状态。所以对于歌唱学科来讲，提高歌唱共鸣非常重要。

1. 扩大音量

扩大音量是共鸣最主要的作用。从声带发出的原声是微弱、细小、无色彩的单纯音，经过喉腔、咽腔、口腔、鼻腔、头腔和胸腔等共鸣腔体的共鸣，在共鸣训练下，人体的共鸣腔体得到了进一步的发展，整体性作用发挥得更加充分，从而获得了圆润、响亮、富有穿透力的声音。

2. 调节声区

喉功能生理机制状态的不同和声乐学科的特征，促进人声高音区、中音区和低音区的形成，并令不同的声区具备不同的声音特征。一般情况下，高音区的声音比较明亮活跃，集中在口腔与头腔当中；中低音区的声音则显得厚重、沉稳，位于口腔与胸腔当中。随着音乐旋律的不断变化，不同声区在形成腔体共鸣的同时，又与其他腔体共鸣交相辉映，彼此融合，丰富了声音色彩，在演唱中既各具特色，又和谐统一。

3. 变化字音

语言器官主要依靠对口的开闭状态、唇的形态、舌的运动等进行调控，在形

[①] 赵震民. 声乐理论与教学 [M]. 上海：上海音乐出版社，2002：19.
[②] 马腊费奥迪. 卡鲁索的发声方法：嗓音的科学培育 [M]. 郎毓秀，译. 北京：人民音乐出版社，2000：20.

成语言的基础上，构建出不同的口腔共鸣腔体结构，从而发出不同的声音。根据字音共鸣腔体的变化来行腔、歌唱，从而使字、义、声、情等得到充分的发挥，实现和谐与统一。

4. 美化音色

能够影响音色形成与变化的因素有许多，除了发音体与发声方法之外，共鸣条件的变化也是重要的影响因素之一。口腔是决定音色变化的重要腔体，由于说话时口腔活动幅度不大，而且不需要扩大、延长、美化声音，因此说话时的共鸣是达不到歌唱共鸣扩大音量、美化音色目的的。而美好的歌唱必须具备一定的声区范围、一定大的音量、丰富的音响共鸣与美好的音色。为此，基于口腔共鸣，胸腔与头腔进行了协同发展，从而令声音更加统一也更加集中，使共鸣效果更加良好。歌唱的共鸣与音色的美化，全在母音音素的发挥上。为此，如何在练声中充分运用和提高母音的最好共鸣效果就显得十分重要。同时，共鸣还要结合音乐旋律与情感变化，提高共鸣效果，使乐曲的整体艺术性得到彰显。

二、歌唱共鸣技能的训练

声音共鸣技巧的训练，在歌唱训练当中是主要的练习内容。从发声原理的角度来看，其根本在于声带受到气息的冲击而产生振动。虽然每一次发声的这些振动十分微小，但是在共鸣腔体的共振作用下，大量的泛音得以生成，由此便形成了歌唱发声共鸣。在此种共鸣下产生的声音极具表现力，蕴含着丰富的情感。正如马腊费奥迪在《卡鲁索的发声方法》中所说："共鸣对嗓子音量的贡献，比呼吸提供的重要得多，也比声带大小、发声力量重要得多。"由此可以看出，只有在声音、吐字、气息、情感的综合作用下，才能够形成良好的共鸣。意大利的歌唱家们将声带喻为本金，那么本金所产生的利息，就是共鸣了。他们认为："歌手应该靠利息歌唱。"[1] 可见，发声与歌唱都需要以共鸣为重要依靠，只有充分利用共鸣，才能实现歌唱训练的根本目标。

歌唱共鸣能够对音色、音量、音乐表现力等产生积极的作用与影响，故而演

---

[1] 马腊费奥迪.卡鲁索的发声方法：嗓音的科学培育[M].郎毓秀，译.北京：人民音乐出版社，2000：68.

唱家必须要具备充分调动腔体以产生良好共鸣的能力。歌唱训练中，共鸣技巧的训练主要有以下三种：

（一）哼鸣训练

歌唱训练中，哼鸣练习有两种，即闭口哼鸣和开口哼鸣。

1. 闭口哼鸣

（1）姿势

在闭口哼鸣时，演唱者需要保持兴奋的状态，并处于良好的歌唱姿势。

（2）呼吸

在闭口哼鸣时，演唱者口鼻同时深深吸气。需要注意的是，吸气、喉管打开、腰围膨胀需要同时完成。

闭口哼鸣需要放松颌关节，舌头保持自然平放的状态，舌尖轻轻触碰下齿，嘴唇不紧绷，从而保证气息能够均匀逸出。

闭口哼鸣时，会感到眉心、额头、头顶有震颤，横膈膜有支撑感，喉咙形成通畅的通道，声音仿佛远离喉头，从鼻腔上部发出。

2. 开口哼鸣

练习者能够熟练掌握闭口哼鸣之后，就可以开始练习开口哼鸣了。主要的练习方法为张大嘴巴，发出"en"的声音，由此可以对闭口哼鸣练习是否正确进行检验。

当练习者能够熟练掌握闭口哼鸣与开口哼鸣后，就可以加入具体的母音进行针对性练习了，但是要注意，无论使用哪一个母音，都需要结合歌唱者的实际情况。从而进行针对性的选择。当熟练掌握带母音哼鸣之后，就可以直接进行母音演唱了。

（二）打开训练

打开训练是共鸣机能调节的重要内容。在一定层面上，共鸣机能可以理解为歌唱共鸣腔体空间形态、结构、容积的调节能力，因为歌唱共鸣腔体作用的发挥取决于腔体空间结构的变化。如果歌唱者在歌唱共鸣腔体生理调节能力方面存在问题，那么他在共鸣调节机能方面也一定存在相应的问题。歌唱动作决定声音的定势，这在歌唱共鸣技能技巧学习、运用与掌握上同样适用。所以，以腔体打开调节为内容的歌唱训练，是实际意义上的共鸣技能技巧的训练。

在打开训练中，如针对口咽腔的打开练习有打哈欠、半打哈欠。二者的区别在打开的程度上。打哈欠的张嘴运动是一系列机体生理运动的动作组合，包含口唇纵向、呈椭圆张开，下颌放松，舌两侧轻抵下牙床，舌面平放，软腭上贴，咽肌直立，咽壁绷起、咽腔打开等一系列动作。所以，从口型、外口腔、内口腔到咽腔均有明显的机能调节作用。注意在口唇打开运动中，必须防止下巴的前伸或上扬、舌根的抬起或舌面的扭曲、软腭的下降、嘴角向两侧后下方拉、颈部肌肉紧张等一系列错误和不协调的机体运动。还有"闻花香""搬钢琴"等练习，针对不同共鸣腔体有相应的练习。

（三）降低喉器训练

降低喉器训练是以咽腔、喉咽腔调节为主的共鸣机能训练。喉器位置的降低与咽腔、喉咽腔空间形态、结构、容积的关系密切，对歌唱共鸣有重要的影响。高喉器是导致喉音的根本原因。喉头往上跑，会出现舌根后缩、口咽腔变小、咽腔管变短、喉口被遮盖等一系列问题。

喉器训练的第一步是放松喉器，即眼睛平视、喉器平行，没有抬起或下压。对此，可采用轻轻地"闻香水"般的吸气方式来帮助喉器位置的降低，同时得到一定程度的放松。然后，用"打哈欠"的方式进行开口喉器降低训练。开口训练的基本要求与打开训练相同，为了更有效地进行训练，可以先闭口使喉器降低，然后开口，保持位置不变，然后再在相同喉位上闭口，最终回到原本状态。喉头位置的训练，要尽可能地降低喉位，但以不压迫喉头为宜。降低喉器应与咽腔调节相配合，通过镜像观察能够发现口腔后部变成一个拱形空洞，并以能看到后咽壁为正确。

打开训练和喉器训练，除了可采用无声练习方式以外，在动作运用和掌握相对熟练之后，可以结合发声练习。练习中应注意确认口唇竖张与横张、稳定喉器与固定喉器、喉器降低与压迫等情况的区别，不能将行之有效的训练演变成专门制造错误的训练。

除了以上这三种方式方法外,叹气练习、弱声练习等也是极为有效的方法,能够产生良好的共鸣。共鸣是一个十分复杂的过程,每一个人在进行共鸣时,都会彼此存在着一定的差异。因此,为了提高共鸣效果,需要对练习者的生理状态与实际情况进行分析,从而选择合适的练习方法。

第四章 高等师范音乐教育声乐教学改革的探讨

进入 21 世纪，世界教育发展迅猛，我国的高等师范音乐教育也逐渐变得专业化与系统化。随着社会经济的发展，社会上对于声乐人才的要求也相应地发生了变化，更注重声乐人才的复合型和应用型，从就业上对声乐教学工作提出了改革的要求。本章是高等师范音乐教育声乐教学改革的探讨，重点分析了高等师范音乐教育声乐教学的现状、高等师范音乐教育声乐教学改革的必要性以及高等师范音乐教育声乐教学改革的策略。

第四章　高等师范音乐教育声乐教学改革的探讨

第一节　高等师范音乐教育声乐教学的现状

在高等师范音乐教育专业中，声乐课是必修课，声乐教学正向多元化的方向发展。声乐教学法集理论与实践、生理与心理、技术与情感、经验性与科学性于一体，李维渤老师在《中国大百科——音乐舞蹈卷》中就提出了六种教学法，分别是示范教学法、语音教学法、歌曲教学法、心理教学法、比喻教学法、机理教学法。歌唱经验教学法是歌唱家们基于大量的歌唱实践不断总结出来的经验，教学方式主要是口传心授。这一教学方法虽然没有科学理论为指导，但也培养出了很多优秀的歌唱家，在现在的声乐教学中仍然比较常用，如声乐教师常用"画着圈儿"唱来要求学生解决歌唱时音与音、字与字之间的连贯性问题。1854年，加西亚发明了喉镜，首次从医学的角度对人的发声进行了系统的研究，并总结出改善声音的发声方法，从此拉开了嗓音生理学、声音物理学等声乐研究新领域的序幕；20世纪，以美国范纳德为代表的声乐研究者，利用先进的X光摄影技术、高速闪频观察技术、解剖技术等，对歌唱发声时的呼吸、喉头、声带、咽腔及各个与发声相关的器官，从生理学和物理学角度进行更加细致的观察和实验，揭开了歌唱发声动态时各个发声器官的机理与状态，逐渐形成了歌唱机理教学法。以声乐经验教学法为主的著名声乐教育家、理论家兰培尔蒂在《歌唱艺术》中扼要地介绍了他的声乐教学经验，关于歌唱呼吸、声区练习部分可以清楚地看到声乐经验教学法与声乐机理教学法的融合。声乐经验教学法不断地挖掘经验背后的科学依据，并把经验总结上升到科学的理论；声乐机理教学法用嗓音生理学和解剖学阐述发声的原理，使声乐教学法呈多元化和科学化发展。

在时代的发展与变革中，声乐的多元化教学是必然的发展趋势。教师需要为声乐教学注入新的生机与活力，为其赋予时代特色，为未来声乐教学发展指明方向。当前，随着全球化的推进，声乐教学多元化得到了进一步的促进。例如，学生在发展中不断开阔视野、丰富知识、提高能力、融入多元文化，多元文化可以是器乐（民乐、西洋乐）、舞蹈、表演、朗诵、舞台、灯光等。随着教育理念的转变，教学体系更加科学，教学目标也更加明确，由此也使声乐教学得到了进步与发展。

教师教育专业声乐学生的培养需要多元化教学手段的助力、多元文化的充实，这种多元的时代性和全面发展学生的时效性决定了声乐教学的多元化发展。

一、声乐教学的延展性

在多元文化的发展与融合当中，声乐教学的教学内容与手段也具有了一定的多元性与延展性。"术业有专攻"这种单一的教学模式早已被取代，在当前时代下，声乐与器乐、其他艺术、非艺术进行了充分的融合，声乐也由此被赋予了新的内涵。

二、声乐教学发展的迫切性

联合国教科文组织《世界文化多样性宣言》（2001）中指出："文化多样性是交流、革新和创作的源泉，对人类来讲就像是生物多样性对维持生态平衡那样必不可少。"当下，世界各国艺术文化呈多元化的发展趋势。世界各国的文化艺术不断融合，成为当前文化传承和创新的主旋律。声乐艺术教学的发展亦是如此。

声乐教学具有一定的延展性，故而在开展声乐教学时必须深化改革，转变传统的教学观念，教师必须要更新自己的教学理念，使用多种教学模式，尝试多种教学手段，丰富课堂教学内容；学校也要打造出良好的学校学习环境，吸纳更多的专业型人才，打造一支良好的、专业素质强的教师团队，培养出全面发展的、具有综合素质的应用型小学音乐教师。

第二节　高等师范音乐教育声乐教学改革的必要性

一、客观因素

（一）社会经济文化发展的需要

自改革开放以来，我国的政治、经济、文化、教学等方面都得到了迅速发展。我国与国外的交流越来越密切，教育行业受此影响，也与国外的教学理念进行了交流，我国的教育工作被注入了新鲜的血液。为了更好地实现与国际接轨，我国对高校的声乐教学改革也提出了进一步的要求。

1.世界的多元化，对培养的师资也提出了新的要求

随着我国经济的蓬勃发展，人们的物质生活水平也得到了显著的提高，对精神生活的需求、对教育水平的要求越来越高。音乐文化的消费成为娱乐生活的主要部分，音乐素质教育的普及成为中国基础教育中艺术素质教育的重要组成。音乐师资需求，从"量"到"质"的转变，对高等师范音乐教育专业培养的小学教师人才提出了更高的要求。

2.世界范围的音乐文化交流，促进了中国民族民间音乐的发展

当前，音乐已经成为世界文化交流的主要途径与手段。我国历史悠久，有着丰富的传统文化，在不断的历史沉淀中，许多具有鲜明民族风格声乐作品流传至今，仍旧散发着熠熠光辉。在文化交融的过程中，我们不仅需要吸收其他国家的优良音乐文化，还需要充分展示我国声乐文化的独特魅力。

（二）新课程标准的要求

2022年版《义务教育音乐课程标准》（以下简称《课标》）是我国基础音乐教育改革的重要成果。《课标》明确课程性质为人文性、审美性和实践性。在声乐课程的基本理念中，其核心在于音乐审美，其驱动力在于热爱，强调实践，鼓励学生充分发挥声乐音乐的特征，与其他学科进行有机融合，从而创造出丰富多彩的、具有民族风格特色的现代声乐作品。在开展声乐音乐教学时，需要涵盖全体学生，既关注整体，又强调个体，因材施教，使学生的声乐素养得到大幅度提升。教师在开展声乐教学时，需要对其中蕴含着的美育功能进行重点强调，设计出科学的教学思路与教学方法，开展丰富多彩的实践活动，引导学生积极投入其中，并从中学习到丰富的理论知识、相关技能，提高学生文化素养与审美水平。

《课标》的贯彻落实需要教师的参与与配合。教师需要将《课标》的相关要求融入教学理念、方法、形式、内容等方面中，并结合经验与教学实际，不断完善教学过程，做到真正落实和贯彻到教学中，并实现教学目标。

二、主观因素

（一）学生自身发展的需要

高等师范音乐教育声乐教学在改革中要注重教学文本的建设，例如声乐教材建设，经典声乐曲目固然值得保留，但是与时俱进的教学曲目、地方民族民间和红色文化声乐作品也要补充上，学生紧跟时代潮流，教师的思想观念和教学文本建设也要与时代同呼吸共命运。另外，要给学生创造一定量的声乐演唱实践机会，如星期音乐会、艺术歌曲音乐会、歌剧咏叹调音乐会、合唱音乐会、独唱音乐会、各级各类比赛、各种各样社会服务型演出等。如此，不但能提高学生良好的演唱心理素质，而且能培养学生声乐演唱中"演"的能力，让学生积累经验，厚积薄发。

声乐教学的改革不是一个短暂的过程，而是需要许多人的努力，经过长时间的发展与探索，才能够实现目标的过程。教师需要提高自身素养，开拓视野，以社会需求为基础，不断进行声乐教育改革的研究与探索，进而提高与社会人才需求相契合的声乐教学质量。改革不是否定过去，而是为更好地面对现在和未来。

（二）办学定位的需要

当前，高师院校声乐人才培养的目的从原本的培养专业的声乐表演者和教学者逐渐转变为培养更加综合性的应用型声乐专业人才。声乐专业知识的应用不仅仅是声乐表演，还包括声乐教学、声乐相关行业等，这都需要更多更高质量、更高水准的专业人才，所以这也需要对高师院校声乐教学模式进行改革，提高人才培养的质量。声乐教育是影响音乐学科水平的关键因素，因此，对高师院校声乐教育进行改革，能够提升音乐学科的教学质量，从而使音乐学科成为特色学科，这样高师院校便能借助学科优势在一定程度上带动整体实力的提升，获得更好的发展。高师院校声乐专业学生岗位适应能力与就业竞争力较低，毕业后有超半数的学生无法获取音乐相关岗位，只能在自身不熟悉的领域中寻求生存发展机会，学生个人职业发展受限制较为严重。高师院校声乐教育的改革可以对专业学生重新进行市场定位，结合社会发展人才需求空缺针对性制订学生培养计划，确保学生自身素质能力与社会需求的高度契合，帮助学生毕业之后获取更加良好的岗位，改善现阶段高师院校声乐教育学生尴尬的市场地位。高师院校声乐教育的改革会有效提升毕业学生的音乐素养，使其具备更高发展空间的可能性，促使学生更好地完成自身职业规划与人生规划。

高等师范音乐教育不同于专业院校，是以培养小学音乐师资为主要人才培养目标的专业，要培养能够适应新时代社会发展需要的复合型人才、适合新时代小学音乐师资岗位需要的"多能一专"的人才，这是高等师范音乐教育专业的办学定位，声乐教学应据专业定位作准课程定位。

第三节　高等师范音乐教育声乐教学改革的策略

一、明确培养目标

高等师范音乐教育专业人才培养目标，通常是中小学音乐教师。中小学音乐教师是国家全面发展艺术教育、大力实施素质教育的重要执行者，中小学音乐课程承担着中国义务教育阶段的美育功能。

声乐教学在高等师范音乐教育专业人才培养方案中一直是专业必修课，是音乐教育专业特色办学、高校服务于地方建设的重要途径。

（一）培养学生的综合素质

随着高等师范音乐教育声乐教学改革的不断推动，声乐教学改革的课题也随之发生了转变，旨在培养出社会所需要的高素质声乐教育人才。一个合格的、高素质的、高水平的综合性声乐人才，需要充分掌握声乐理论知识，需要具备良好的演奏技能，并且符合当前的时代要求。如何对高等师范音乐教育专业中主修声乐的学生进行综合素质的培养，树立科学的教育观念，促使他们形成为社会音乐文化服务、为我国教育事业奋斗终身的理念，成为当前教育改革的重点内容之一。

在高等师范音乐教育专业中，声乐教学是其中重要的组成部分，在对声乐专业的学生进行教育时，需要加强他们的综合素质培养，提高他们的社会服务与奉献意识，为此，可以从以下几个方面进行：

第一，要重点培养学生的道德情操，树立为社会发展而服务的意识，遵循"社会效益，人才效益"为主的原则，促使学生为我国声乐教育以及社会音乐文化而努力奉献。

第二，转变传统的声乐教学理念，采用科学、先进的声乐教学方法，提高学生的专业素养。如此培养出来的学生，才是社会所需的专业人才，才能尽快适应工作岗位需求，实现自身价值。此外，教学模式也需要进行相应的改革，通过利用小组课、大课等形式，提高学生自身素养。

第三，对学生的知识结构进行优化，提高学生的综合素质。除此之外，教师要重视艺术实践，通过组织学生定期开展各种形式的音乐会、鼓励学生参加各级各类比赛和演出，提高学生的实践能力和综合性学习能力。从广义角度理解是指学生主动探究地学习，它是一种学习理念、策略、方法；从狭义角度理解是以问题为载体，围绕问题提出解决方法的能力。

（二）培养学生的探究性学习能力

探究和解决是创设研究情景和途径，学生通过教师的指导和自己的搜集、分析、处理信息获得知识的生产过程。探究性学习是一种实践性、自主性、过程性、开放性、创新性的学习方式，是培养学生学习的内驱力、实践能力、创新精神的重要途径之一，适用于学生对所有学科的学习。全国第三次教育工作会议当中，提出了以下内容：在素质教育中，其核心为德育，其教学重点为培养学生的实践能力，培养学生的创新精神，但目前没有固定模式。如果缺乏学术自由、开放自主学习这些基本条件，创新则根本无从谈起。合作学习是探究学习的基本形式，是学生为完成共同的问题或实现共同的学习目标，有明确分工的、以小组总体成绩为奖励依据的互助性学习，能充分调动学生的积极性，发挥学生各自的优势，鼓励学生为集体利益和个人利益而合作，并倡导民主、平等、互教互学的新型师生关系。

在声乐教学当中，为了提升学生的探究学习能力，师生必须共同参与、探讨、设计出相应的探究性教学任务。需要注意以下几点：

第一，从兴趣出发，在教师指导下确认有价值的探究任务，它直接影响研究方向、目的、内容、步骤以及研究结果。

第二，加强师生之间的合作。对于学生而言，单独完成教学任务比较困难，需要教师的引导与帮助。教师需要不断修正学生的研究方向，激发学生的兴趣爱好，提高学生研究热情，并为学生提供充分的保障，及时为学生解惑答疑，让学生在轻松、自由的学习氛围当中获得学习带来的幸福感。

第三，指导学生撰写研究报告。学生在掌握了一定量的研究成果以后，会逐渐产生自己的想法，并把问题、问题解决的过程和结果落实到文字上。教师指导撰写，如观点正确、论点明确、论据充实，行文逻辑性强、条理清晰、层次分明、语言表达顺畅、措辞准确等。除此之外，书写过程中学生阅读了大量文献，要注意积攒素材，为写毕业论文做准备。

二、培养复合型声乐人才

（一）加强声乐理论教学

高等师范音乐教育专业声乐教学不应该只强调声音技巧训练，还需要注重理论教学。但在当前许多高校当中，关于声乐的教学还存在着"重技轻文"的现象。为了夯实声乐演唱基础、提高歌唱技艺，就必须对文化课程、理论课程展开系统化的学习。声乐课堂形式有许多种，如一对一教学、小组教学、集体课教学等。除了专业课之外，还可以开设一些选修课程来丰富学生的理论认知，如《嗓音生理学与解剖学》《人体自觉机能》《嗓音保健》《歌唱美学》《歌唱心理学》《歌唱动力学》《歌唱语言学》《声乐教学论》等。关于赏析类实践课程，比较关注重唱与表演、朗诵、台词课、合唱；声乐的实践课程也有许多，如《合唱》《台词课》《声乐赏析》《钢琴伴奏》《舞台形体》《舞台表演》《重唱与表演》等。以上这些融合了理论与实践的相关课程，需要循序渐进开展。声乐教学遵循一般教学原则，同时还结合了其他学科与社会实践，为学生掌握教与学之间的联系与规律提供了基础。

(二）突出声乐教学的师范性

高等师范院校师范专业的课程设置、课程目标体现师范性，是由师范专业的专业定位、人才培养目标决定的。突出高等师范音乐教育专业声乐教学的师范性，是为区别于综合性大学和专业音乐院校的声乐教学、为落实音乐教育专业声乐教学的课程目标。由于高等师范音乐教育专业的声乐教学一直沿用专业院校的教学模式、教学方法、教学内容，因此强调突出音乐教育专业声乐教学的师范性是有历史渊源的。

对于高等师范音乐教育专业主修声乐的学生来说，学习科学的歌唱方法与提高歌唱表现能力固然重要，关键是在此基础上还要具备声乐教学的能力，实现"会唱"又"会教"的课程目标。可以说，这是高等师范院校音乐教育专业关于声乐教学的重要特征，亦是能够影响到我国中小学音乐教育行业发展的重点内容。在进行声乐人才培养时，要遵循因材施教原则与循序渐进原则，结合理论知识展开教学实践。除此之外，当前关于声乐教育的相关岗位要求强化教学教材规范性、延展性、师范性的建设。

（三）培养复合型声乐人才

复合型人才是指在各个方面都有一定的能力，在某一个方面出类拔萃的人才，这些方面包括知识的复合、能力的复合、思维的复合等，具有多才多艺、适应能力强、解决问题能力强、心理素质好、面对难题时思维开阔等特点。

高师音乐教育专业声乐人才培养需要多元化的教学理念，具备师范性、实践性的相关特征，在教学实践中提升教学质量，进而培养出优秀的、勇于开拓创新的全面综合性人才。为此，需要做到以下几个方面：

第一，转变单一的教学思维，突破单纯的技术传递，培养学生具备多重思维思考能力，引导学生在实践中运用自身所学，从而强化声乐技能。

第二，在一些地方院校，尤其少数民族学生较多的院校，应当将声乐教学与民族特色结合，从保护和传承角度打造出新型的人才培养模式。

第三，关于人才的培养，需要立足于社会需求，结合就业市场发展趋势，在保留传统声乐教学优点的基础上，构建符合专业定位的多元化声乐教学模式，鼓励学生勇于开拓创新、发散思维，演唱不同风格的音乐，尝试各式各样的表演风格，鼓励学生在艺术实践中尝试多元化的音乐和表演风格。

为了培养学生能力，就必须对教学实践环节进行重点突出。在开展舞台实践时，教师需要激励学生尝试不同体裁、风格的声乐作品，提高演唱能力；在教学实践中鼓励学生融合交叉学科知识提高教学能力。这种既能上得了舞台又能上得了讲台的复合型人才，符合学生就业岗位的需求。

三、培养应用型声乐人才

应用型人才相对于学术型人才、研究型人才，核心是"用"，本质是学以致用，是"智慧"转化为"实惠"的关键，是连接科学技术与生产力之间的桥梁，承载着高等教育的应用价值。

高等师范音乐教育专业人才培养目标是中小学音乐教师，而合格的中小学音乐教师应具备"多能一专"的能力。只有"多能一专"才能满足"唱""教""排""演""赛"等就业岗位的需求，为了实现这个目标，就需要开展针对性训练，制定科学的课程设置。结合当前声乐教学现状和《义务教育音乐课程标准》（2022年版），应注意以下几个方面的培养：

（一）明确培养目标

作为以中小学音乐教师为就业目标的高等师范音乐教育专业主修声乐的学生，需要具备一定的演唱才能，如此才能够在中小学的课堂中为学生进行示范教学，使学生直接感受美、体验美，示范教学是直接激发学生学习兴趣的重要途径。但是，仅此是不够的。

高师音乐教育专业声乐教学大多一直沿用专业音乐院校声乐专业的人才培养模式。但是，专业音乐院校声乐专业是以培养"高、精、尖"国家级别、国际级别的演唱人才为目标，以追求高超的发声技能技巧和演唱发声技能张力大、音乐表现张力大的声乐作品为主要教学内容的专业。以中小学音乐师资为专业人才培养目标的声乐课，除了培养学生的演唱能力，还应该培养学生的声乐教学能力。对于那些天赋极高、有望发展成专业演唱家的主修声乐的学生，尊重个性差异和个人学业规划的同时应采取针对性教学。

1. 欣赏和学唱当地民族民间声乐作品

在高等师范类院校的音乐教育专业中,声乐教师不仅要传授给学生科学的发声技巧、指导学生演唱不同风格的声乐必唱曲目,还要引导学生扎根当地民族民间声乐艺术,欣赏和学唱当地不同民族、不同类别的声乐作品,并学习讲解声乐作品背后的文化。高师音乐教育专业声乐学生具备一定的范唱能力和教学能力的同时,要储备当地民族民间声乐作品,不但可以丰富教学内容,而且为民族民间声乐的保护和传承作出贡献。

2. 鼓励学生参加课外艺术实践活动

只在琴房中进行演唱练习,无法展现出最完美的声音。为此,教师需要让学生走出琴房,引导学生参与各种艺术实践活动,如各种形式的音乐会、各级各类的比赛、社会公益性演出等。舞台实践不仅能充分检验课堂教学成果,提高歌唱心理素质、歌唱能力、舞台表演能力,还能激发学生学习声乐的内驱力。

3. 掌握少年儿童的发声训练方法

高师音乐教育专业人才培养目标是中小学音乐教师,少年儿童是将要面对的主要教学对象。中小学阶段是人生理和心理快速成长的阶段,教师首先需要了解青少年的生理、心理特征以及审美倾向,尤其是变声期、女生生理期的生理特点;其次引导学生了解中小学生声乐教学方法;最后是教学语言,要用中小学生听得懂的语言进行教学。

4. 了解和学唱少儿声乐曲目

高师音乐教育专业声乐教师要引导主修声乐的学生,在学习演唱专业性比较强的声乐必唱曲目之外,还要依据《义务教育音乐课程标准》、中小学音乐课教材,参考《少儿声乐考级曲目》等补充教材学唱少年儿童的经典声乐作品,实现"产学"结合,提高学生的就业能力。

鼓励学生积极、认真地参加教育见习、教育实习等形式的教学实践活动,了解教学对象、锻炼教学能力、培养职业情感,为学生今后的就业奠定基础。

(二)培养教学能力

音乐教育专业与演唱专业不同,如就业岗位,前者通常是讲台,后者通常是舞台，所以培养音乐教育专业学生的教学能力尤为重要。音乐教育专业主修声乐的学生，除了熟练地掌握科学的发声方法，具备声情并茂的演唱能力之外，还要能依据《义务教育音乐课程标准》和中小学课程总目标以及不同学段课程目标课程内容、实施建议、课程资源开发与利用建议撰写教学文本、组织课堂、开展教学工作。解决怎么教的问题，可以从以下几个方面学习：

1. 引导学生分析声乐作品

分析声乐作品，第一是通过文献了解声乐作品的时代背景、创作背景以及词、曲作者的创作风格、经典作品等相关内容；第二是曲式分析，如调式调性、曲式结构、节奏、旋律、音乐术语等相关内容；第三是歌词分析，如作品所要表达的思想感情等相关内容。养成好的学习习惯，提高文化素养和音乐修养，有利于提高演唱水平和教学能力。

2. 组织观摩课和同学之间互相上课

观摩课与欣赏课的最大不同在于观摩课需要在观看后给出评析，目的是对教学方法、规律展开研究与讨论，增长教学经验，从而提升教师的教学水平。同学之间互相上课，程序如下：第一是教学文本的准备，第二是教学设计思路，第三是课堂组织，第四是教学内容实施，第五是学生间、师生间的评课。同学之间互相上课是最容易进行的教学实践，能够增加教学经验，有利于提高心理素质和教学水平。

3. 指导学生编写教案

教案旨在系统地规划教学过程，是教学活动的指导方案，包括教学目标、教学内容、教学方法、教学资源、教学评价等，具有指导性和可操作性，是一堂课成功的开始。养成课前认真备课的习惯，可以有效地规避上课时的盲目性和随意性，从而保证教学质量。

4. 创设校外教学实践活动

引导学生积极、认真地参加校外教育见习、教育实习教学实践活动。除此之外，还可以创设相对长期、稳定的教学实践活动，如到中小学生声乐艺术培训机构实习，在实践中打磨课程，提高课程质量。关于教学实践，国外有值得借鉴的做法，如意大利威尼斯音乐学院声乐专业的研究生，在三年学程中有纳入考核的

50学时的声乐助教工作任务；在乌克兰的音乐学院，针对音乐教育专业的学生，学校每周都会组织一到两次的实践活动，让学生与儿童进行面对面的教学，并将实践表现划入成绩考核当中。

（三）培养合唱指挥能力

合唱是集体演唱（两组或两组以上的歌唱者）多声部（两个或两个以上的声部）声乐作品的艺术，是普及性最强、参与性最高的音乐表现形式之一，包括同声合唱、混声合唱，要求音响的高度统一与协调，能够充分呈现出音乐作品当中的深层内涵与情感，进而激发听众产生情感共鸣。合唱是中小学的课外艺术实践活动的重要形式。

合唱指挥是合唱团队的组织者、是合唱艺术实践的实施者、是创造合唱艺术的灵魂。据个人喜好选取徒手或持棒的方式，需具备的能力包括：第一是组织和领导的能力，是对合唱团整体的驾驭能力；第二是读谱能力，是合唱指挥的基本功；第三是掌握科学的歌唱方法，有一定的示范和讲解的能力；第四是敏锐的听觉，如对乐音高低、长短、强弱、音色的听辨能力；第五是较强的音乐记忆力和音乐鉴赏力；第六是较强的暗示能力，即不用语言和声音，用眼神、面部表情和肢体动作使团员明确理解指挥的想法的能力，如速度的转换、呼吸的深浅、声音的强弱与长短等；第七是极强的自制能力，如稳如泰山的气质、临危不惧的心理素质，每次演唱都难免会有瑕疵，当合唱团的演唱出现错误，指挥者必须从容不迫地继续指挥演唱，如果指挥稍有慌乱，必将影响合唱团员的演唱自信，导致演出的混乱；第八是非凡的感染力，指挥将自己对合唱艺术的理解化为力量，牵动着合唱团和听众的心灵，使之融入合唱作品的情感中并为之感动和震撼。中小学合唱团的指挥多由声乐教师承担。高师音乐教育专业学生一定要学好这门课，不仅能指导发声方法、掌握指挥技能，还要学会组织和管理团队。解决如何指挥的问题，可以从以下几个方面学习：

1. 学习合唱指挥的基本技能

合唱知识由声部布局与区分组成，如男高音声部、女高音声部、男中音声部、女中音声部、男低音声部等；读谱能力，如曲式结构、调式调性等分析能力等；

不同音乐风格的处理等。指挥技能包括音准与节奏的训练、声部间的配合与协调，还有合唱指挥的基本姿势（站姿、手型、手臂等）、动作范围和击拍动作等，总体是遵循准确、简练、美观的原则。

2. 学习设计指挥方案

合唱指挥是综合性较强的学科。通过合唱指挥的学习，可以使学生将自己所学的相对独立的合唱知识与技能、关联学科和交叉学科的知识与技能有效地整合，并综合地运用出来。设计指挥方案第一要根据主题选择契合的合唱作品，第二是分析作品，第三是声部布局等。

3. 锻炼学生的组织能力

为了提高学生的组织能力，可以让学生承担合唱指挥的重要职责，对人员管理、场地布置、排练、演出等环节进行组织与统筹，既能够让学生获得相关经验，又提高了学生的组织能力。

合唱指挥这门学科应用性较强，需要具备丰富的理论知识储备，拥有出色的组织统筹能力，如合唱排练过程是长期的、枯燥的，构建团队的合作意识和凝聚力需要强大的组织能力，使团队形成和谐的排练环境、高效的排练过程。从中小学就业岗位和社会需求来看，培养学生的合唱指挥能力无疑是"产学"结合的契合点，是培养应用型声乐人才的价值体现。

（四）培养自弹自唱能力

一般情况下，声乐弹唱包括了自弹自唱和自己唱歌、他人伴奏两种形式。自弹自唱是一种综合性的音乐技能，声乐演唱专业的学生可以不涉及自弹自唱能力的培养，但是以中小学音乐教师为人才培养目标的音乐教育专业的学生一定要具备这个能力。例如，"唱"，自己唱、示范唱、教学生唱、师生一起唱；"弹"，弹钢琴或弹电子琴，钢琴是国家规定的首选音乐教具，为自己的唱弹伴奏、为学生的弹唱伴奏、为师生一起弹唱伴奏。自弹自唱是将"唱"与"弹"进行融合的一种综合性音乐技能和音乐表现形式。

演唱者一边进行即兴伴奏一边进行歌曲演唱，就是所谓的自弹自唱。进行自弹自唱对演唱者的能力要求十分高，演唱者需要具备综合的、实用性强的相关能力，如乐理基础、和声、钢琴弹奏、即兴伴奏等。在自弹自唱中，歌唱与伴奏二者相互影响、相互促进，有着十分紧密的关联。关于自弹自唱的学习建议：

1. 重视自弹自唱的学习

高师音乐教育专业人才培养目标主要是中小学音乐教师。在声乐教学过程中，声乐教师要注意强调音乐教育专业的人才培养目标、中小学音乐教师岗位的需求，引导学生从态度上重视自弹自唱的能力，从行动上创设自弹自唱学习的实践活动，如在学生之间，遵循循序渐进的原则，先从给他人的唱弹伴奏开始。

2. 加强坐姿歌唱的训练

唱歌通常采取站姿，只有在必要时才会采取坐姿，如为了加强局部共鸣的体验、为了演唱歌剧片段的表演部分等。自弹自唱意味着需要坐着唱，作为中小学音乐教师或者高校声乐教师在教学过程中为自己、为学生弹琴，也需要采用坐姿进行。虽然站姿演唱与坐姿演唱有许多相同之处，但是坐姿演唱要更加麻烦，为了能够更好地进行演奏，演奏者的腰部与头颈部会略微弯曲，气息和腔体共鸣会受到影响，尤其是声音着力点不好找，坐姿范唱的声音质量和音乐表现力远不如站姿歌唱时好。所以，引导学生在自弹自唱时注意保持正确弹姿的情况下，尽量调节坐姿演唱时歌唱机能的平衡、声音质量与音乐表现力，把不良的影响降到最低。

3. 协调"唱"与"弹"的关系

高师音乐教育专业主修声乐的学生刚开始学习弹唱这门课有一定的难度，涉及关联学科、交叉学科知识与技能整合的问题，如识谱能力、钢琴基础、歌唱能力等。建议按照合理的学习步骤做好弹唱前的准备工作，如分析作品，熟悉谱面；可以从给别人进行伴奏开始进行练习，从中获取演奏经验；能为他人弹伴奏以后，要敢于尝试自弹自唱。

弹唱包括伴奏与歌唱，其中歌唱为主、伴奏为辅。故而在学习弹唱技巧时，要格外注意处理好歌唱与伴奏之间的主次关系，以免本末倒置，反客为主。例如，适度地控制伴奏音量，不仅可以烘托音乐情绪、助力演唱者的歌唱表现力，还可以弥补演唱者发挥不够完美的地方。

自弹自唱能力对于高师音乐教育专业学生非常重要，做好这些训练才能避免"会唱不会弹，会弹不会唱"的教学结果，才能培养出"唱"和"弹"协调发展的学生。

第五章　高等师范音乐教育声乐教学改革的措施

声乐教学具有育人作用，有利于提高学生的文化素质，有利于培养学生的高尚情操。声乐教学过程中，教师要充分发挥学生的主体作用，激发学生的学习内驱力，在学唱声乐作品过程中积累知识、技能、文化，树立其正确的世界观、人生观、价值观，提高明辨是非的能力，弘扬真、善、美，传承与发展传统音乐文化等。本章是高等师范音乐教育声乐教学改革的措施，重点分析了高等师范音乐教育声乐教学理念的改革、高等师范音乐教育声乐教学模式的改革、高等师范音乐教育声乐教学方法的改革。

第一节　高等师范音乐教育声乐教学理念的改革

一、素质教育理念

就本质而言，音乐教育实际上是学生在学习的过程中将音乐作为媒介与桥梁，同时在学习以及欣赏中不断地陶冶情操、构建音乐知识与技术体系的过程。人的素质虽然与先天因素有关，但更是后天教育和实践的产物，人的自然属性、社会属性、精神属性构成人的自然素质、社会素质、精神素质。素质教育是尊重学生的主体性，在人固有的感觉器官和神经系统等生理条件基础上，促进学生德、智、体、美、劳的全面发展。

（一）素质教育与学生的全面发展

我国已经进入加快推进社会主义现代化建设的关键时期。世界经济全球化发展、世界科技进步日新月异、综合国力竞争激烈，综合国力竞争是高素质人才的竞争，可以说谁拥有高素质人才的优势，谁就拥有竞争优势。高素质人才的培养，关乎中国青少年身心健康的成长，亦关乎中华民族的伟大复兴，是社会与教育发展的必然，是中国高等教育的历史使命。

人的实践需要人的能动性、自主性、创造性，社会主义现代化建设需要人的求实精神、奉献精神、开拓精神。人的这种主体性、这种精神、这种能力源于人的素质。人的素质是一个有机的整体，素质教育也是一个有机的整体。素质教育是面向全体学生的"大众教育"，是促进学生德、智、体、美、劳全面发展的教育，是引导学生热爱学习、乐观生活、创新思考的"主动教育"。从一定意义上讲，人才培养是对学生素质的培养，只有不断提高学生的素质，才能推动学生的全面发展，素质教育是学生全面发展的前提。

（二）素质教育与音乐教育的关系

素质教育和音乐教育之间存在着相辅相成的紧密联系。音乐教育对德育具有潜移默化的影响作用，通过音乐教育，可以促进德育教育的发展。正面、积极的音乐具有一定的教育意义，它以一种独特的方式将美的形式与善的内容巧妙融合在一起，进而在开展德育教育的时候缓慢渗入其中。学习音乐的过程是学生感受真、善、美和形成正确世界观、人生观、价值观、审美观的过程，是培养学生爱憎分明的道德情感和道德信念的过程。例如，学生在学习《黄河大合唱》的时候能够以多种方式（如独唱、对唱等）来展现和演绎黄河的宏伟气势。在此过程中，不仅让学生感受到中华儿女的无畏精神和战胜所有困难的坚定决心，还能将他们的爱国情怀和报国之志充分激发出来。

音乐教育可以使学生形成更加健全的人格与个性。作为一种表达情感的艺术形式，音乐教育的目标是借助音乐内部的思维以及外部的旋律来进一步启迪和感化学生的，同时还具有陶冶情操的功能。积极的音乐一旦与人的内心产生同频共振，高尚、正义的力量就会油然而生，久而久之就会形成健全的人格。例如，《我爱这土地》整首诗以"假如"开篇，用"嘶哑"形容鸟儿的歌喉，接着写内容，由生前到死后直抒炽热的爱国情怀，发自内心地演唱，很多人听后都会流下感动的泪水。

综上所述，音乐教育可以培养和开发学生的智慧，同时还有一定的启蒙作用与功能，促进学生智力的全面成长和发展。

二、应用型人才培养理念

（一）应用型人才的内涵

潘懋元认为："应用型人才主要是在一定的理论规范指导下，从事非学术研究性工作，其任务是将抽象的理论符号转换成具体的操作构思或产品构型，将知识应用于实践。但是，应用型人才并非只'应用'知识和理论，不进行研究。恰恰相反，应用型人才不仅在知识的应用方面发挥作用，而且在理论的创新方面常常给人以启发，特别是应用型人才所开展的应用性研究，具有广泛的意义与作用。"[①]

郑晓梅认为："在学术研究成果转化为社会生产实践能力的过程中，存在着两

---

① 潘懋元.应用型本科院校人才培养的理论与实践研究[M].厦门：厦门大学出版社，2011：43.

个主要阶段：第一个阶段是将学术研究成果演变为工程原理和工作原理，第二个阶段是将工程原理或工作原理应用于社会实践从而将其转化为具体的产品等。从事第一阶段工作的人才被称为工程型人才。第二个阶段通常包括两类人才：一类主要从事实际操作或具体运作；另一类主要从事组织管理操作活动并处理操作过程中的技术问题，前者称为技能型人才，后者称为技术型人才。"[1]

总结以上内容，我们能够清晰地认识到：人才类型和人才层次并不是同一概念，其中前者是横向的人才分类，后者则是纵向的人才分类。关于两者之间的差异，一些人持有这样的观点：与学术型人才相比，应用型人才被视为初级人才，学术型人才则被视为高级人才。这个观点是错误的，显然把人才类型与人才层次的概念混淆了。例如，临床医学博士学位教育是以培养高层次应用型人才为目标的。依据上述学术界的主要观点，本书把应用型人才定义为：在科学、系统的理论知识与技能训练的指导下，在专业方面有丰富的知识与扎实的技能，其核心理念是"应用"，同时具备较强的职业适应性、自我学习能力以及创造能力。

（二）应用型本科人才的培养

1. 应用型本科人才的特点

部分专家和学者认为应用型的本科人才属于高级应用型人才。根据应用型人才的创新水平和解决问题的复杂性，能够将应用型本科人才分为以下三类：第一类是工程型，这一领域的专业人才大多依赖于他们所掌握的专业知识与技术能力，把科学原理以及学科体系的丰富知识成功转化为具体的设计方案与图纸；第二类是技能型，这一领域的优秀人才通常负责产品的研发、生产管理等，他们能够把工程型人才设计的方案或图纸成功转化为实际的产品；第三类是技术型，这一领域的优秀专业人才通常依赖于他们自身十分精湛的操作技能，从而更好地完成产品制造的过程，将决策和设计方案等转化为实际应用，最终创造出多种不同类型的产品。

应用型本科人才是高素质应用型人才。众所周知，可持续发展观念是现代人不可缺少的观念之一，尤其是应用型本科人才更应该在可持续发展方面具备一定

---

[1] 郑晓梅.应用型人才与技术型人才之辨析[J].现代教育科学（高教研究），2005，(1)：10-13.

程度的学习能力，思考问题的时候以其观念为基础，同时可以在最小的消耗下实现最大的效益。无论是在知识方面还是在技能方面，均对应用型本科人才提出了更为先进和更高层次的标准，对以培养应用型本科人才为主的高等教育提出了更高的要求，如课程的教学目标、教学模式、教学方法、教学评价。

高素质、高水平、高质量的优秀应用型人才在强调"应用"这一特质的过程中，以一种巧妙的方式将"高素质"特点重点突出。要培养出符合社会需要的高素质应用型人才，必须注重学生的实践能力和创新能力。从知识的层面出发，应用型人才除了应该掌握基础的专业知识以外，还应该有扎实的专业知识与技能，具有一定的深度，从"够用""使用"向"基础扎实""增强后劲"转变。能力方面，不仅在熟练技能基础上具有实践能力，而且还具有较强的职业适应能力、自主学习能力和一定的创造能力。

从素质的层面出发，应用型人才除了需要具备高度的专业知识与素养之外，还应具备一定程度的非专业素质。这就要求高校培养出适应社会需要、能够满足企业需求和符合学生身心发展规律的高质量、高素质的人才。一般情况下，应用型人才在展现专业应用和技能的时候，同自身的道德觉悟、责任感等素养有着密不可分的联系，这些素养甚至可能决定学习和工作的最终效果。

2.应用型本科人才的培养

在明确了本专业是应用型本科人才培养规格以后，规划"产学"结合的人才培养方案，构建围绕应用型本科人才知识、技能、素质和谐发展的课程体系，形成与人才培养目标内在统一的课程目标。

在整个人才培养模式构建过程中，需要更新教育教学观念。

构建和完善以提高基础理论和基础知识为目标的理论课程体系。从知识结构视角来看，应用型本科人才在知识体系上展现出广泛的知识面、坚实的基础和强烈的应用型特质，因此十分有必要强化理论课程的融合，强调理论教学实用性的同时，积极构建一个目标明确、逻辑严密的教学平台与模块有机融合的系统化理论教学体系。为了提升基础和专业技能，高校需要构建和进一步完善实践课程的体系，同时要根据不同层次人才培养模式要求，按照专业培养目标确定相应的内容和方法。鉴于多层次和多元化是应用型本科人才具备的能力特质，高校还应该进行分类设计、分层教学以及分步实施，并将选修课程和必修课程结合在一起，以充分满足现代社会对人才实践能力、创新精神以及能力的实际需求，最终建立一个从课堂内系统、综合性的实践技能训练到课堂外自助的、开放的实践教学体系。构建和完善以提高综合能力和拓展专业外延为目标的素质课程体系。由于应用型本科人才不是技术工匠，而是具有良好综合素质的应用型人才，因此，在理论课程体系和实践课程体系基础上，还应该构建素质课程体系。

第二节　高等师范音乐教育声乐教学模式的改革

一、多元化声乐教学模式

当代教学模式从单一到多元、从分化到综合，是当代教育改革的表现，是教学结构逐步发展和完善的必然。

（一）由就业岗位需要决定的

文化创意产业对声乐人才的需要。文化创意产业涉及一系列按照工业准则进行的文化产品和服务的生产、再生产、储藏和分发的活动。工业标准包含工业生产的专业化、程序化等内容，侧重文化生产中的物化劳动。文化创意产业是知识经济时代的产物，也是未来社会发展的主要动力，它向传统声乐教育理念提出了挑战。文化创意产业的灵魂是人们的创新能力，作为文化创意产业的重要组成部分，声乐创意产业同样以创新为核心。从经济学角度来说，人们对精神文化的消费很大程度上是追求精神境界的美感，或者是艺术氛围的美感。这就要求从事声乐创作、声乐表演、声乐教育的人才要有创新的能力，根据人们的不同需求提供不同的声乐作品。而这种创新能力的形成，依靠多元化声乐教学模式进行培养。

世界文化交流对声乐人才的需要。随着经济全球化的发展，世界范围内的文化交流日益频繁，促进了民族声乐的发展。如前所述，人们对精神文化的消费很大程度上是追求精神境界的美感或者是艺术氛围的美感，世界范围内的声乐交流同样遵循这一规律。我国是具有悠久文化历史的国家,我国的民族和地域特点决定了我国声乐作品本身具有独特的美感。因此,我国在世界范围内的文化交流中更应该向世人展示民族声乐的独特魅力,它是促进我国声乐教学模式改革的动力。

(二)多元化声乐教学模式优势决定的

首先,学习声乐的学生多是因为喜爱声乐而学习声乐。然而,声乐学习的过程具有长期性、反复性和枯燥性,如果声乐教学模式只是一味地灌输式传递声乐知识与技能,不仅会影响学生的学习兴趣,还会禁锢学生表达的欲望、不利于学生潜能的挖掘。

其次,根据声乐教学的特殊性,由于传统声乐教学模式只重视声乐知识与声乐技能的学习,致使学生对声乐关联学科知识与技能的学习重视不够,同时缺乏对声乐交叉学科的认知。知识理论课程构建学生的纵向理论知识体系,对于开发学生横向能力更应该重视学生的主体参与,建立多元化的知识结构才是学生进行声乐学习的坚实基础。发挥学生的能动性是培养学生横向素质的表征,这样才能使学生的各方面素质得到较好的发展。

最后,传统声乐教学模式中的实践课程占比小、形式单一,这样的课程设置否定了实践教学的重要意义。事实上,声乐演唱的实践经验、声乐教学的实践经验对于声乐教学质量、对于学生实践能力的实现具有重要的价值。引入多元化的声乐实践活动才能有效地激发学生内在的潜质,从而实现双向提高声乐教学质量,使学生具有较强的职业适应能力、自主学习能力和一定的创造能力。

多元化声乐教学模式具有提高审美能力、陶冶情操、发展智力、培养想象力、促进学生身心全面发展的作用。通过多元化的声乐教学活动,学生感受美、鉴赏美、创造美,从而陶冶情操、完善人格、发展智慧。无论是情感体验,还是知识文化素养培养、技能技巧训练等,都对发展人的听觉、视觉、触觉等知觉能力有很大的促进作用,这些属于智力的重要内容,所以多元化声乐教学模式对学生有发展智力、培养想象力、促进身心全面发展的作用。

二、多元化声乐教学模式的表现

（一）"双向选择"声乐教学模式

高师音乐教育声乐课型呈多样化的特点，包括集体课的大课型和小组课，以及沿用专业音乐院校的一对一小课型。但是，无论哪一种课型都应该是师生"双向选择"的教学模式，具有合理性、科学性、创造性。

"双向选择"的声乐教学模式有利于建立相互信任的师生关系。由于声乐教学存在非直观性、教学语言的不确定性等特殊因素，相互信任的师生关系在声乐教学中显得尤为重要。由于学生个体差异大，如学生自身的声音条件、唱法选择、演唱程度、学习能力的差异，"双向选择"的声乐教学模式有利于教师有针对性地开展教学。根据教师的工作量等因素，由系、室分配学生，必然会因为师生间的彼此不了解或者主观意愿影响到教学质量，如教学进度。

（二）SPOC理念下的混合式声乐教学模式

SPOC（Small Private Online Course）是一种在线教育的模式，借鉴大规模开放在线课程（MOOC）的理念，但针对更小、更特定的学习群体进行设计和实施。SPOC的优势在于能够提供个性化、针对性强的在线学习体验，同时兼顾在线学习的灵活性和线下学习的互动性。线上教学模式以培养学生的文化素养为目标，如声乐基础理论、声乐发展史、嗓音解剖学与生理学、歌唱心理学等；以教师引导为辅，如教师通过智慧树等教学平台为学生提供教学资源；以学生为主，通过各类各级数据资源库自主搜集文献资料，如声乐作品的时代背景、词曲创作者的创作风格、声乐作品的主旨以及作品分析等内容；欣赏不同时期、不同版本、不同形式的音视频资料，培养学生的音乐鉴赏能力，包括歌唱的技术性、连贯性、整体性、音乐性、艺术性等，使声乐从感性的经验教学向理性的科学方向发展，有利于实现声乐教学质量的可控性和可测性。

（三）声乐教学中多媒体辅助教学模式的探索

随着信息时代的兴起，中小学的音乐课程得到进一步优化、完善与发展，原因是得到了多媒体技术的强大助力。在教育信息化进程中，多媒体课件作为一种先进的现代教育技术已经被广泛运用到课堂教学当中。高等师范音乐教育专业核心目标是培训中小学的音乐教师，因此在声乐教学方面，也应当积极地获得多媒体技术的强大支持，以适应时代的变化。在新技术革命浪潮下，多媒体技术应用于教育已经成为一种必然的发展趋势，除了使教学内容变得更加丰富之外，还引入了一种具有创新性的教学方法，极大地增强了学生对声乐的感知和理解能力，可以说是声乐教育创新和发展的方向。

1. 多媒体技术对于声乐教学的价值

（1）融入风格音乐

多媒体技术能够通过对音乐的节奏与风格的强调，使学生不断加深对声乐作品风格的理解，从而提高学生对音乐的理解能力，启发学生对声乐作品的二度创作能力。

（2）保持课堂教学的延续性

在多媒体技术的帮助下，教师能够把课堂教学的内容与方法更加完整、系统地复制给学生，这在某种程度上改变了学生课后学习只能靠记忆的情况，学生借助多媒体技术能够在课后按照自身学习的实际需求进行对比练习，从而加强与延续声乐课堂教学的效果。

（3）声乐教学数字化

声乐教学数字化的关键是在声乐教学中融入多媒体技术。教师在课堂教学中对多媒体技术的多样化、灵活应用，能够创建一个包含多媒体教学内容与素材的数据库，从而极大地拓宽学生的学习视野和空间，同时全面提升声乐教学的质量。

2. 多媒体技术与声乐教学的融合方法

（1）构建新型音乐教育模式

随着国家对教育事业的重视，教育模式得到持续性的创新，特别是在音乐教育中引入电脑音乐系统以及网络技术并对其广泛应用，让教学方法展现更加个性化、多样化的风格，一方面培养和提升了学生独立学习的能力，另一方面还使他们的综合素质得到较大幅度的提升。在当前社会中，信息技术与课程教学深度融合成为必然趋势，将其灵活应用到课堂上能够极大地提升课堂教学效果，激发和调动学生对学习的浓厚兴趣。在现代化的教育环境中，学校在更新和升级传统的教育方法与教学工具的时候均保持积极的态度，然而不容忽视的是对软件的开发和应用才是教育技术的现代化。如何将多媒体技术与高师音乐教育专业声乐教学更加巧妙地结合在一起，培养和提升学生在学习、应用和创新方面的相关能力，教师应该对传统的教学模式进行不断的创新与优化，具体应该做到以下几点：首先，积极转变教学的主体，从以教师为中心转向以学生为中心；其次，教师应该将现代的丰富教学媒体资源，努力转化为学生创新学习的手段以及教师展示和示范的辅助工具；最后，教育的核心应该是教师的教授和答疑，学生则应该通过对问题的深入思考与研究以及对知识进行创新，使自身在综合方面的素质得到全面提升。综上所述，在新时期的素质教育下，音乐教育是实施全面素质教育的重要组成部分，如何更好地开展音乐教育则成为一个值得思考与探讨的话题。现代教育信息技术不仅为教育改革带来了各种前沿的工具，还进一步加深了学生对音乐教育意义的多维度理解模式，并全面培养与快速提升学生在创新方面的思维与能力。

（2）改变音乐教育观念

在我国的传统文化观念中，艺术教育在推动人类社会进步方面具有至关重要的影响。因此，我们应该从幼儿抓起，让孩子们从小就受到艺术熏陶和培养，从而使他们成为一个德、智、体、美、劳全面发展的优秀人才。众所周知，孔子是我国历史上著名的教育家，在他的一生中都对音乐怀有深厚的热情，他认为学生应该学习音乐，音乐是人的品质和修养中最关键的一部分，并把音乐视为一门核心艺术课程。只有当学生在生理层面和心理层面都得到全面的发展，他们的创新能力才能得到真正意义上的培养与提升，并获得进一步的全方位发展。音乐教育要与时俱进，通过相应的教学改革，以适应当今社会对高素质创造性人才的需要。教育改革覆盖了多个领域，其中音乐教育改革被视为核心部分，同时为了实现这一改革目标，教育相关部门采取了一系列改革措施，具体如下：首先，随着全球化趋势的不断深入，音乐教育应该和国际音乐教育标准接轨，并且积极构建全球音乐文化的完整教学体系；其次，为了与全球的课程改革趋势保持高度的一致性，高校应该构建一个跨学科的综合教育体系，确保学生可以将他们所掌握的音乐知识和歌唱技巧同社会需求紧密相结合，从而促进他们综合素质的进一步提升；最后，音乐教育和现代科技共同进步，通过网络等先进技术平台，努力为学生营造一个现代化的良好声乐教育环境和氛围，从而使教学资源快速实现最优分配。

（3）变抽象为直观

声乐教学具有其独特之处，它大多依赖听觉来识别歌唱中的呼吸、发声等，这与其他器乐教学方法存在显著的差异。传统声乐的教学方法是相当抽象的，将多媒体技术以一种巧妙的方式同高等师范音乐教育专业的声乐教学结合在一起，对多媒体技术的优势进行充分灵活的应用，让声乐教学更具直观性。多媒体辅助声乐教学在激发学习兴趣、培养审美情趣及增强表现力方面都具有明显的优势。举例来说，声乐教师在教学中通过对多媒体技术的应用，如图片、动画向学生展示发音器或呼吸系统的工作原理，从而让学生迅速理解，使声乐教学的效果得到较大幅度的提升。

在声乐教学中，学生演唱出现技术问题但是自我感觉良好，虽经教师多次纠正但是仍然没有效果的现象，原因是演唱者对自己声音的内听觉与听众对演唱者声音的外听觉不一致。由于声音有骨传导和空气传导两种途径，教师听到的声音是由空气传导来的声音，而演唱者听到的是两种途径传导来的综合在一起的声音，而这两种声音在听觉上是存在一定差异的，加上学生将注意力完全放在了演唱上，根本注意不到这两种听觉的差异。利用高保真的录音录像技术就可以解决这些问题，然后让所有人对录音录像进行观摩评议，在观摩之前提出评判的标准但不做任何评判，这样学生通常都能很快找到自己演唱中的问题，并及时找出对应的原因，进而做到正确歌唱。总之，多媒体技术与高师音乐教育专业声乐教学的融合，将会使传统声乐教学的各方面产生巨大的变化，为学生主动性学习声乐和创造性学习声乐开辟出一条全新的路径，实现声乐教育教学的现代化，从而提高我国高师音乐教育的质量和水平。

3.多媒体技术在声乐教学中运用的重要性

（1）深化音乐形象

声乐不仅是一种听觉艺术，还是一种情感表达的艺术形式。在声乐表演中的第一要务是要深刻理解声乐作品想要传达的音乐形象，如若不然是无法真正实现声乐学习最终目的的。在多媒体时代下，多媒体教学技术被广泛应用到高校声乐教学中，极大地促进了教学改革。声乐教师在教学中利用多媒体技术，能够以一种非常直观的方式,将声乐作品想要表达的情境呈现给学生,使他们能够清晰地理解并掌握音乐形象。同时,教师在教学过程中利用多媒体教学手段,还可帮助学生更深刻地认识歌曲内涵和意境,提高他们对作品的理解力和表现力。

以《他也许是我渴望见到的人》为例,当学生被要求演唱女高音咏叹调的时候,声乐教师能够借助数字化乐器接口(MIDI)的音乐、文字等多媒体资源,让学生更加深入体验和理解《茶花女》这部歌剧和这首咏叹调的核心思想。这样,学生可以更加深入地感受到女主角薇奥莱塔与男主角之间的热烈和激烈的情感。在教师的科学指导下,学生会更加主动地去体验音乐的强度、节奏等。例如,歌曲中出现了女主人公的"她",在演唱者的演绎下唱出了她的"她",这种方法既符合学生对声乐艺术审美要求,又有利于教学实践。当学生们沉浸在画面以及 MIDI 音乐中时,他们的思绪中涌现出各种栩栩如生的想象,仿佛他们亲身经历,这极大地激发了他们的歌唱表达以及创作的强烈欲望。通过多媒体技术,声乐教师可以将抽象的音乐形象变得更加具体化,从而使音乐的情感巧妙地与声乐的艺术形象融合在一起,这样既丰富了课堂教学内容,又全面提高了学生对声乐艺术的鉴赏能力。当学生对音乐有了深入的了解,同时基于此与声乐学习中的歌唱方法相结合,他们在展现和塑造音乐形象上会变得更加轻松。

(2)激发学生学习的主动性

部分学生觉得仅依赖老师的示范唱歌是一种乏味和单调的教学方式,导致学生在学习声乐的过程中处于被动地位,并且很难将注意力集中起来,最终声乐教师在课堂教学中很难获得令人满意的成果。在声乐课堂教学中引入多媒体技术,运用富有审美价值的多媒体技术,如音乐、文字等,能够有效地激发学生对声乐学习的浓厚兴趣和积极性。多媒体教学是现代教育技术发展到一定阶段后出现的一种新形式和新教学方法。在声乐的教学过程中,那些以静态形式存在的教学资源,可以通过多媒体技术重新展现其生动的形象,使其更加生动有趣。通过计算机辅助教学(CAI)动态图像的展示方式,同时借助歌曲传达的信息,将学生在歌唱方面的复杂知识以直观的方式呈现出来,使教师和学生双方均处于一种愉悦轻松的状态之中,从而更好地使学生掌握歌唱技能。

学生在学习声乐的时候对旋律、乐器等的感知,主要是由美妙的声音和视觉画面对大脑直接产生的刺激所塑造的。在声乐教学过程中,学生会体验到美的个性,他们的心理状态会受到情绪的直接影响,并且这些情绪又会受到他们心境的约束。在声乐教学中,教师要充分利用多媒体技术,使课堂教学内容更加丰富多彩、生动活泼。其中,运用音乐形象创设情境,引导学生感知美"声",是声乐教学的主要手段之一。所以,采用图文和声像相结合的多媒体教学方法来进一步辅助声乐教学,不仅可以激发学生的情感,将他们的主观能动性充分调动起来,还可以使课堂教学效果得到较大幅度的提升。除此之外,还有助于将学生对歌唱的热情充分激发出来,推动学生构建具有科学性的知识系统。声乐教师利用多媒体技术创设情境,为学生提供生动形象的视听材料,将文字、图形、动画等信息与音乐融为一体,从而营造出一个丰富多彩的艺术氛围,给学生带来强烈的感官享受与体验。

以《妮娜》为例,这是一首典型的意大利声乐作品,声乐教师在教授中想要使学生更迅速地理解和掌握意大利语的发音,借助电脑播放的方式,向学生详细介绍发音的特色和需要注意的事项,让学生可以对意大利语的元音和辅音有更深入的了解,并通过实践来掌握它们,从而更准确地演唱这部声乐作品。

(3)培养学生的音乐联想力

在审美过程中,无论是想象力还是创造力,均被视为最基础的品质。然而,部分学生的主体性特点经常被忽略,这不仅限制了学生在思维空间的进一步拓展,还导致声乐教师未能及时察觉学生在进行创造性声乐活动时的内在潜能。所以,声乐教师通过不同的方式努力激发、培养并提示学生在声乐艺术方面的想象力,对于培养他们的个性、智慧以及创造性思维具有极高的价值。多媒体技术具有声画并茂、动静结合等优点,为学生提供了一个生动形象的学习环境,多媒体技术将声、图、文融为一体,使声音、形象、文字三者有机结合起来,所创造的声音和实际情境的音乐氛围有助于全面培养和快速提升学生在艺术思维以及欣赏方面的技巧,还可以极大地激发学生的想象能力。因此,声乐教师在教学过程中,应确保学生不只是听和唱,他们还应通过主动地联想、想象以及视觉和触觉来体验、感受和创造音乐,同时充分展现音乐的内涵,这样才能更好地发挥多媒体技术辅助教学的作用,提高课堂效率。多媒体信息网络的情境性,能够在一定程度上进一步激发和正确指导学生进行独立的联想活动，从而促进他们个性潜力以及智慧的全面发展。可见，在声乐课堂教学中运用多媒体辅助教学是很有必要的。

以《春——祖国的春天》为例，声乐教师在让学生演唱这部声乐作品之前，能够借助多媒体技术向学生展示春天的视频，让他们在欣赏的过程中逐渐被春意盎然的大自然景色所吸引，使其进入一个轻松自在、心旷神怡的审美境界中。随后，多媒体动画向学生展示春天的美景，如桃花盛开等，调动学生的情绪，使其欢快的情绪高涨起来，使他们在潜移默化中跟随音乐旋律，将这首声乐作品中的情境演绎得更加完美。在歌曲完成之后再由多媒体播放一段与歌词内容相关的音乐片段或视频资料来加深对这首歌曲的理解，使其更加生动形象，从而更深刻地体会到这首声乐作品的内涵。可见，声乐教师在课堂教学中利用多媒体技术，可以增强学生的歌唱技巧，对于培养和提升他们欣赏、想象以及创造美的能力也大有裨益。

（4）多元文化的渗透

多元化是声乐的特点之一，表现在多个方面，如创作手法、演唱方式和技巧等。众所周知，我国地域辽阔，有56个民族，以这些民族的民歌为例，每个民族都有其独特的语言表达、风俗习惯、音乐等，这些文化元素均与当地的音乐相结合，从而形成了独特的音乐文化。教师在声乐的教学过程中，要结合当地的风土人情和传统艺术来进行声乐知识的传授与技能的培养，若仅通过语言和图片等手段向学生传授知识，可以说想要实现预期的教学效果难度是很大的。

声乐教师在课堂教学中利用多媒体技术，能够将教学材料以更加全面和直观的方式展示给学生，使他们能够从视觉和听觉等多个感官层面，对自然和生动的具体教学过程进行深度体验并感受。同时，也让学生在课堂上学习并掌握一首新的声乐作品，还使他们对这个民族的文化有了更深入的认识。可见，将多媒体技术与课堂教学结合起来进行歌曲教学，就能更好地为课堂服务，拓宽学生们知识领域的同时，民歌也被作为一种独特的文化，供他们学习和掌握。因此多媒体教学在中学音乐课堂中是必不可少的一个手段。比如，声乐教师在教授学生如何演唱陕北民歌《兰花花》的过程中，能够利用电脑技术，在课堂上向学生展示陕北地区的各种建筑风格、服饰等，以便学生能更全面地了解这一民族的文化传统，这样一来学生对声乐作品的风格、内容以及如何在音乐上表现也就明了了。

（四）声乐教学中"沙龙教学"模式的探索

与音乐教育专业的其他学科教学相比，声乐教学有很大的差异性，就本质而言，声乐教学是一种高度抽象的教学，特殊性在于声乐是以人的身体为"乐器"，歌唱是身体整体协调的运动，涉及的歌唱机能包括人体的呼吸器官、发声器官、语言器官、共鸣器官等，我们看不见也摸不到它们，无法直观了解歌唱过程中的它们如何相互协调地运动，通常情况下声乐教师通过自身对歌唱的感受、经验等，用教学语言传达给学生。在此过程中声乐教师会有针对性地引导学生恰当、及时调整他们的歌唱机能，使他们能够更好地歌唱。接着，教师会严格按照学生的歌声，使用教学语言进行合理的判断、公正的评价和科学的指导。在教学中学生可以潜移默化地逐步调整和校正歌唱，同时发现既符合声乐学科的一般规律，又能找到与个人声音特点相符合的正确歌唱方法。所以，有部分专家和学者认为声乐是音乐专业中教师教学难度最大和学生学习难度最大的学科。声乐教师要想教好这一门课程，就必须充分调动起学生的积极性，让学生真正成为课堂上的主人。在高等师范学校的声乐教学过程中，声乐教师怎样有效地将学生的情感调动起来，点燃他们对声乐的热情，激发他们对声乐学习的热情，并按照循序渐进的方式进行教学，始终被视为教学的一项核心议题。

1. 声乐教学中沙龙教学模式的有效性

教学模式实际上是一种在严格遵守人才培养目标的重要基础上，为了达成教学目标和任务，专门采取的教育方式。我国高等师范学院的音乐教育专业在声乐教学模式应用的核心与关键，是声乐教学的目标和职责，也是专业人才培养的目标层次以及具体的规格要求。声乐教学在《中国大百科全书》的描述中被概括为一套声乐教学法，这是通过严格的教程或长时间的技能练习，并按照循序渐进的方式来全面培养和快速提升学生歌唱技巧所使用的原理方法。从宏观角度看，声乐教学可以总结为六种方法，具体如下：

第一，心理教学法。它专注于训练和提升学生在指挥和耳音方面的技巧，并十分注重细节的主观表达。

第二，机理教学法。这一教学方法主要侧重于培养学生在发声的时候，有意识地操作和控制所有相关的生理功能的能力。主张通过持续的训练，让学生对歌唱机能有明确的认识，并在潜移默化中转化为下意识的行为。

第三，示范教学法。这一教学方法是通过声乐教师在课堂上的亲自示范表演，从而引导学生进行正确的模仿。

第四，语音教学法。该教学方法类似于口头表达一样的歌唱。

第五，比喻教学法。这一教学方法是通过比喻的方式，对学习声乐中出现的各种现象进行生动的阐述。

第六，歌曲教学法。该教学方法主要是将声乐作品作为教学媒介，从整体出发来进行教学。

以上几种教学方法始终贯穿于教学过程中，教师教学中经常混合运用，以确保课堂教学内容既不单调又不呆板，用更加有趣的教学方式充分激发和调动学生学习声乐的热情。沙龙式的声乐活动就是其中一种较为常见且行之有效的教学方式。在声乐教学过程中，反馈是至关重要的，及时和有效的信息反馈，就某种程度来说能够直接或间接地成为下一阶段教学的焦点与核心。沙龙式声乐教学活动从多个角度为教师提供教学成果以及效果的反馈，这有助于声乐教师适时地调整教学活动，并掌握其核心重点。通过沙龙式活动使师生之间相互交流沟通，共同探讨如何更好地完成教学目标，达到教学目的。在最近的几年中，声乐教学在科技快速发展的影响下发生了很大的变化，使得沙龙式活动变得更加便利。沙龙式的教学活动在激发学生对声乐的热情、增强教师的演唱和教学能力等多个领域，都展现出了显著的成效。需要注意的是，此处所指的"沙龙"主要是声乐教学活动的集会形式。

2.声乐教学中沙龙教学模式的实施

（1）学生音乐会

学生音乐会是大多数学生经常参与的一种方式，其主要目的是评估教学成果、全面提高学生在歌唱和表演方面的实践能力与水平、扩充教学素材以及为教学环境注入全新的活力。通过组织学生音乐会，使学生定期或不定期地走上舞台，可以极大地激发学生主动学习声乐的兴趣，在舞台演唱方面积累丰富的实践经验，同时也可以有效缓解他们的紧张和怯场心理。

舞台演唱需要有教师、学生与观众等多方因素共同参与才能得以实现，其中学生在学生音乐会中的主体地位不容忽视。通过学生的个人独唱音乐会，可以将他们的学习成果展现出来，同时，也将他们在学习中遇到的困难体现出来，从而将问题及时、有效地解决。另外，通过这种方式，能使学生掌握基本技巧、训练歌唱技能，培养学生的艺术审美能力，促进其身心和谐发展。这种活动既可以作为声乐课的延伸和补充，又可以作为一种新的教学方法进行推广和应用。

舞台下方的观众即学生，在欣赏表演的过程中演唱者出现的问题更有可能对他们自身的认知产生即时和深刻的影响，从而对他们的学习产生更加直接的正面影响与触动。对于舞台下的教师而言，学生在完成阶段性学习之后，可以通过音乐会的形式进行深入的反思与全面总结。在学生演唱的时候，声乐教师能够及时、精准地识别出学生出现的各种问题，同时也应该评估自己在教学时，对学生个体的影响以及指导是否达到了预期效果。这不仅是对教学成效的一次检验，还促进了教育研究与科学研究的持续进步，同时也为下一个教学阶段设定了十分明确的发展目标。

（2）教师音乐会

此处的教师音乐会是指广义的音乐会，可以是考核式，也可以是汇报式，不管是何种表现形式，都可以检验教师在专业方面的综合能力与水平，都是对教师职业技能的全方位评估，从开始的演出筹备到最后的谢幕，这一过程既反映了演唱者的专业能力，同时又是其能力迅速提升的体现。教师要想使自己成为优秀的演唱人才就必须具备多方面的素质和技能。个人独唱音乐会、汇报式音乐会等从多个方面将教师的专业水平与业务能力充分反映出来。音乐会作为一种集体表演活动，对于提升教师自身的艺术素质有着极为重要的意义。教师通过参加音乐会不仅可以获得相对客观的评价，还可以使自身在综合方面的能力与素质得到较大幅度提升。

汇报演出作为一种新兴的表演形式，它的出现对于声乐界来说具有十分重要的意义，它不仅可以起到激励以及鞭策教师的作用，还会在音乐会考核结束后根据教师个人在舞台上的表现，提供相当详细的评估结果，这对于年轻教师未来的专业发展和教学具有非常重要的指导意义和作用。这一措施，一方面可以使教师在综合方面的能力与教学水平得到较大幅度提升；另一方面促使他们在各个方面都得到快速和全面的发展，从而为年轻教师在课堂教学方面搭建了一个非常优质的素质提升平台，可以更好地促进他们的发展。

（3）录音棚录音

声压、时程以及频谱是决定声音的客观物理参量，其中频谱是最重要的参量之一，它能影响人们对声音性质及特征的认识，从而使人们能从更高的层次来评价各种乐器及其演奏方法。声压是决定乐音强度或响度的关键因素，频谱则是决定乐音音色的重要基础。对于乐器的每一个部分，均能够通过上述参量进行合理分析，从而最终确定音质最佳的乐器声学条件。对于声乐演唱来说，要想唱好一首歌曲，首先就要从歌唱发声入手，要达到这个目的，必须先学会正确的呼吸方法和吐词、发音的技巧。部分演唱者出于职业需求，会走进录音棚参与作品的录制。然而，每次进入录音棚的初始阶段，总会发现存在许多令人不满意的小细节，如节奏的掌握、呼吸的状态等，进而导致整个录音进程变慢。

在日常生活中，演唱者由于习惯上的问题，虽然能够基本处理好这些小细节，但是没有特别注意并追求完美，那么在录音棚录音的过程会非常耗时，甚至平时听起来没有太多问题的声音，也会感觉不流畅。如果演唱者能在进录音棚之前做一些必要的准备和练习，并按照事先制定好的计划进行一次完整的录音，那么就可以有效避免这样的情况发生。演唱者若能把每一次录音的感受完整记录下来，并对出现的问题进行总结归纳，那么就可以更加深入地了解自己的歌唱特点及规律。

站在音响学的层面看，我们人类有内耳和外耳。其中，内耳负责声音的接收、筛选等，也就是说每个人听到自己的声音和他人听到自己的声音是存在差异的，并且听到的录音音响的效果和自己的声音音响也存在一定的差异。这就决定了声乐教师在教学中不能一味强调自己唱的好坏或自己听的优劣，教师应该鼓励学生对自己的演唱录音进行聆听，而不是仅依赖内耳的听觉，这样可以帮助学生更加客观和准确地了解自己的演唱技巧。学生在声乐教师的正确指导下可以对自己歌唱的长处和短处进行深入分析与研究，从而进一步引起他们的思考，培养和提升他们在独立思考以及语言表达方面的相关能力，同时在潜移默化中培养他们独立自主学习声乐这一门抽象艺术课程的能力与素质，最终使学生掌握演唱技巧的同时，还能为今后的专业发展打下坚实的基础。为了提升个人的演唱技巧和正确声音的识别能力，进入录音棚进行作品录制是非常必要的。同时，在录音棚录音除了应该满足上述标准外，也应该不断加强在听辨等多个方面的自我锻炼。这对于那些致力于快速提高自己演唱能力的学生以及致力于优化、完善以及持续性增强自身业务综合能力的教师来说，均是一项非常有益的活动。

3. 声乐教学中沙龙教学模式的积极意义

在现代高等师范学校的音乐教育专业中，声乐教学主要采用一对一或一对多的教学模式，即口传心授。"沙龙式"声乐教学模式同传统的声乐课堂教学模式相比，也可以在潜移默化中起到教导学生的作用，它不仅形式多样，同时还从课堂进一步延伸至课外，以一种巧妙的方式把日常训练和舞台实践有机融合在一起，是一种有效的教学方法。

从实践教学成果的角度看，"沙龙式"声乐教学模式十分重视培养学生的吸收、理解以及实践方面的相关能力，通过学生的实践成果来反映真实情况和展示他们的实际能力，最终为声乐教师开展教学活动提供更具针对性的合理指导。沙龙式声乐教学作为一种新型的教学模式，是对以往传统教学模式在教学方式、教学方法等诸多方面进行改革创新之后产生出的一种全新的音乐教学模式，这不仅是传统声乐教学的有力体现，还在一定程度上将传统课堂教学模式所打破，是将趣味性与表现性完美结合的一种方式。实践证明，这种方法能有效激发学生的学习热情并提高主动参与度，同时也可以使教学实践的质量得到显著的提升，从而实现高等师范音乐教育专业声乐课程的预定目标。

在高师音乐教育专业开展沙龙式声乐教学具有重要意义，为高师音乐教育专业的传统声乐教学提供了一种具有创新性的思维方式和形式，使课堂教学更加多样化的同时，还将学生对声乐学习的浓厚兴趣与积极性充分激发出来。除此之外，高师音乐教育专业将沙龙式教学模式引入其中还可以鼓励教师用更加客观的态度对教学对象进行合理评价，为教师的教和学生的学提供更广阔的探索空间与机会，从而为传统声乐教学注入新的活力。

随着教学模式的不断发展，教学方法越来越丰富，教学工具也得到持续性的创新、改进与优化，这些对课堂教学产生了十分深远的影响。课堂教学模式是由诸多因素决定的，其中最主要的就是教师和学生。教师在教学中的模式挑选、内容执行等多个方面都扮演着不可或缺的角色。因此，如何有效地进行声乐教学活动，就成了每一位声乐教师所共同面临的课题。身为一名具备全面声乐教学技能的声乐教师，不仅要教授声乐理论和方法，还要能够指导声乐实践活动。另外，无论是演唱水平还是教学能力，声乐教师都要确保达到一定的高度，努力寻找更有效的教学模式，以使学生的演唱与教学能力得到较大幅度提升。声乐教师教学的核心与为之努力的目标是让学生能够通过声音将他自身的思想和情感淋漓尽致地表达出来，具备控制自身的歌唱心理、调整歌唱机能和耐力的能力，同时教师以身作则，在潜移默化中对他们的学习习惯和方法产生有益、积极的影响。

（五）声乐教学中生态课堂模式的探索

1. 声乐教学生态课堂的内涵

生态学的核心是关系学，这是一门专注于研究生物体与其所处环境之间相互作用的科学领域。生态课堂是一个由多个相互关联的过程和事件组成的网络，这些过程和事件对教学环境产生直接的影响。众所周知，在课堂教学中构建良好的师生关系、营造和谐的学习氛围是实现教育目标的重要手段之一。在这样一个和谐统一的课堂教学生态系统中，每一位学生都有自己独特的位置和作用，并与其他同学相互协作、相互影响、相互促进、共同进步。

显然，声乐教学的生态课堂作为一个有机统一体，主要是由两部分组成的，其中一部分是声乐教师和学生这两个主要的生态实体，另一部分是物质和精神两个主要的教学生态环境。从这个意义上讲，声乐教学生态系统就是一个相互关联又相互影响的有机体。在物质环境中，我们可以看到时间、空间等元素；在精神环境中，我们可以看到教学内容、教学信息等元素，这些元素之间持续地进行信息交流、相互影响以及相互约束，从而促进课堂教学效果的提升。

2. 声乐教学生态课堂的特点

（1）动态性

随着信息资源的迅猛发展、教育观念的持续刷新，教学环境也在不断地演变和发展。声乐课堂教学具有很强的实践性，它是教师的教和学生的学的一个交流和互动的过程。声乐教师应该根据对课堂的整体规划和设想，在课堂上灵活地调整教学进度，否则学生在课堂上的发展空间将会受到限制。因此，如何使课堂更开放，怎样让学生对声乐产生浓厚的兴趣，成为当前声乐教学改革中值得思考和探讨的问题。在声乐课程中，教师所面对的学生在每一堂课上的表现，其实都是在不断地发展和变化。在学生的推动下，教师也在不断地创新和变化，实现教与学的相互促进和制约。可见，要想提高教学质量，必须从实际出发，声乐教师应该根据不同情况选择合适的教学方式和方法来组织教学活动。同时，持续性地对教学方法、形式等进行灵活组合与及时调整，将课堂教学的范围扩展到课堂之外，并且与社会相结合，尽可能多地努力创造和提供对学生发展有益的实践平台与机会，跟随时代和社会发展步伐的同时，将生态课堂的动态发展以及开放性淋漓尽致地展现出来。

（2）生态均衡性

从生态学的角度看，只有当生态系统的各个部分都得到均衡和合理的发展时，整个生态系统才有可能实现真正意义上的自我更新以及持续发展。为了保证音乐教学活动得以顺利进行，声乐教师需要从系统科学的角度出发，对其进行优化设计与构建。声乐教师在课堂上开展教学活动的时候，因为构成教学生态环境的因素，除了具有复杂性之外，还具有一定的多样性，同时它们之间还会相互影响和产生作用，所以这就要求声乐教师在教学过程中必须对各种不同类型的教学方法与工具进行灵活运用，并且应该将其视为一个整体来科学、合理地对待。声乐教师不仅需要具备良好的知识素养和较强的实践能力，还应该具有健康的心理状态和健全的人格特征等。为了实现真正意义上教师的教学与学生的学习，这两个生态主体之间具有和谐性和融合性，声乐教师必须采取一系列恰当的措施：首先，重视对学生学习成果和学习过程的评价；其次，注重学生对声乐的基本理论和发声技巧的掌握，使他们在声乐舞台上具备多种形式的表演技巧，如独唱、对唱等，学习、掌握并进一步提升对声乐作品进行二次创作的能力；最后，声乐教师需要对与声乐相关的教学内容给予高度重视，使学生认识到可持续发展观念的重要性，并对其进行不断地培养与提升，以确保他们在多个领域的技能均可以得到和谐、有序的提升与发展。

(3)生态生成性

新的课程标准重点突出了教学的首要目标以及中心思想,即"全心全意为每位学生的成长",其中"成长"被视为一个不断创新的生成性具体过程。在这个动态生成过程中,教师起主导作用,学生是学习的主人,他们的个性得到充分自由地释放。所以,声乐教师在高等师范音乐教育专业的课程教学中,应该尽可能在生态课堂环境中确立学生作为学习主体的身份,同时将学生主体作用充分发挥出来;努力为学生提供一个生动、多样且富有人情味的教学环境,这样他们可以在已有的认知框架内,对相关经验进行充分灵活运用,从而去积极探索和创造新的知识;重视情感因素在教学活动中的作用,让学生体验音乐所带来的愉悦感受,从而达到"乐学"目的。声乐教师在面对特定的教学环境时,应选择合适的教学策略和工具,同时确保对可能在课堂上出现的问题有深入的了解和预测,基于这些预测来制定一套全新的教学计划。另外,学生在识谱、背词等练习中所获得的信息,应被视为一种有效的反馈信号,这样声乐教师可以不断地调整和完善现有的教学策略与教学计划,最终使声乐教学得到深入和持续的高效发展。

(4)可持续发展

站在生态学的层面看,可持续发展的核心思想建立在两个关键问题上:其中一个是平衡"人和自然"的和谐关系,确保彼此之间的相互适应以及协同进化,就某种程度而言这种关系是生态系统发展不可缺少的一个重要外部条件;另一个是处理好、平衡好"人和人"之间的相互关系。生态平衡就是人类生存所必需的环境,它是一切生物赖以生存和繁衍的基础,而维持生态平衡最重要的因素就是维护生态环境平衡,在人和人之间平等的互助和相互的尊重可以说构成了生态系统持续发展的关键内在条件。因此,可持续发展理念贯穿于整个教育教学过程之中。

从生态的角度来看,高师声乐课堂的可持续发展需要在教师和学生之间建立和谐的关系,同时尽可能确保教和学的互动过程充满活力。这意味着声乐课堂教学不仅要为学生提供适应未来社会需求的动力,还要为他们未来的持续成长打下坚实的基础,从而使师生双方都能获得积极的心理体验和良好的生理状态。显然,高等师范学院的音乐教育专业中的声乐生态课堂,除了是健康的生态系统之外,还是进一步推动教师和学生身心和谐、健康成长的关键要素。所以，声乐教师在生态的教学环境中不应以绝对的权威态度来教授学生，而应鼓励学生积极思考，正确教导他们如何识别和提出问题，并最终找到解决方案，同时也应引导学生积极地进行学习探索，使其真正意识到自己是一名学习者，而不是知识接受者和被灌输者。经过一系列的实践、认识、分析和总结，学生们持续性地探索解决问题的最优策略，这不仅使他们逐渐培养出客观和实事求是的研究态度，还促使他们养成面对问题时独立思考的良好习惯，这种习惯不仅会成为学生日常生活和学习中不可或缺的重要组成部分，还可以使他们在可持续发展方面的综合素质得到进一步培养与提升。

3.声乐教学生态课堂的构建策略

（1）教师生态主题

首先，明确教学目标。对声乐专业的学生来说，想要实现真正意义上的自主学习，关键是他们需要将学习的目标从"由老师设定的任务"逐渐转向"满足自己对声乐学习的实际需求"。从理论研究层面来说，如果可以将学生所追求的音乐审美理想转化为现实的艺术创造活动，那么这一过程就具有了合理性。从课堂实践的角度看，是否可以为学生创造和提供有利条件，积极鼓励他们主动地发现并顺利解决问题，这是激发学生的创新意识以及提升学习能力的核心所在。只有当学生能够通过主动思考和积极探究来解决实际生活中遇到的问题时，才能使其获得一种新的体验，从而激发出更多的内在学习动机。所以，声乐教师在课堂教学实践中需要努力为学生创造并提供一个优质的教学环境，如声乐作品词曲创作者的创作背景和风格、歌唱家的成就等，以激发学生的学习兴趣，为他们创造一个优质的学习氛围。一方面通过丰富多样的教学方法使学生能够更好地掌握歌唱技巧和方法，从而达到激发学生主动探究音乐知识的目的；另一方面为学生创造各种有益的探索环境，确保学生的学习目标在他们的学习过程中形成。

其次，教学内容的构建。生成式的教学可以及时发现意外的声乐教学资源，与遵循预定的教案流程相比，所发挥的作用和意义更加关键和重要。声乐教师要根据课堂教学实际和师生之间沟通交流的情况随时调整教学内容。众所周知，在声乐课堂上经常会出现各种意外情况，声乐教师如何妥善处理这些突发事件，可以从侧面折射出他们的思维方式以及展现出他们应对突发事件的能力。声乐教师在教学过程中应当审慎评估形势，顺势而为，迅速改变课堂上被动和尴尬的状况。利用这一机会，声乐教师可以充分激发学生独立思考的能力，组织他们共同探讨问题，最终实现不错的教学成果。

再次，扩展教学的思维与思路。在声乐教学过程当中，教师应将培养学生自主探究能力作为重点内容之一。要想使学生在声乐课堂上的传统学习模式得到改变，核心是对学生作为生态主体在课堂教学活动中的主导地位进行重点强调。声乐教师在教学中要培养和提升学生的独立思考问题的能力，简单来说就是在课堂教学中声乐教师应该鼓励学生在学习声乐的时候主动探索问题，并鼓励他们亲身经历解决问题的具体过程，这样他们就可以在潜移默化中提升独立分析问题的能力，最终得出正确的答案。这种教学方式确保了学生能够融入声乐教学的每一个环节，帮助他们构建自己独特的知识结构，从而建立起自己的知识体系。

最后，制定教学计划与方案。从目前来看，个别高师音乐院校声乐课的教学进度与教学内容之间存在着脱节现象，生成性教学模式则能够有效地解决这一问题，使教学活动更具系统性和完整性。从教育生态学的宏观视角来看，高师音乐教育专业的声乐教师在进行声乐课堂教学的时候，基本都是以特定的课程目标为中心进行的，他们根据课程教学大纲的具体要求来，对教学方案进行科学、合理的制定与设计，可以说是一种心智活动，也折射出教学方案的设计除了具有合理性与科学性之外，还应该有一定的有效性，这对实现真正意义上的教学目标有着非常直接的影响。声乐教师应该结合自己多年的音乐实践与思考，以心理学相关知识为依托，从心理角度出发探讨和研究如何促进声乐教学的有效展开。开放性作为生成式教学的特性之一，声乐教师在实际的教学活动中经常会遇到一些意外的新场景，如面对一些声乐理论基础扎实的学生提出的创新思维与设想，声乐教师对教学设计的反思变得尤为关键。其中，声乐教师进行课堂教学反思的一个关键方式就是撰写"声乐教后感"。一方面，出色和优秀的课堂教学后感想可以被看作一篇详尽的工作日志，为接下来的教学设计提供准确的思维导向，同时教后感也可以被看作高师声乐生态课堂教学的进一步扩展；另一方面，写"教后感"是声乐教师在整理课堂教学流程、反馈教学信息等多个方面的关键环节，可以对自己的教学工作进行自我检查、实时评价，通过不断的总结与概括，使自身的教学水平得到持续提升。

（2）学生生态主题

首先，积极构建学生感兴趣的问题场景，因为兴趣是教学活动能够顺利进行的首要因素，所以教师在开展声乐教学活动时，应结合教学内容和学生实际情况设置合适的问题情境，以充分激发学生对音乐学习的强烈兴趣。当学生对声乐教学中的相关议题产生浓厚兴趣的时候，他们会被这种兴趣所吸引，进而更加主动地去深入分析和积极探索这些问题，并在此过程中感受学习的乐趣。在这种情况下，教师便能通过问题情境有效激发出学生对音乐知识探究和掌握的热情。声乐教师在课堂教学的引入环节中能够通过问题串的方式将学生引导至特定的问题情境，从而让他们能更快地融入声乐课堂探索的积极氛围，激发和培养学生自主探究的欲望，构建一个富有探索性的问题情境。对于声乐教学活动来说，不仅要让学生掌握知识技能，还要注重学生自身素质与情感表达。鉴于声乐表演对学生的全面技能有很高的要求，声乐教师在教学的时候应更加重视对学生在发声、唱歌等多个方面的能力培训，同时要根据不同层次的学生群体设置有针对性的问题，以激发学生学习声乐的兴趣。这种方式既有助于培养学生的多方面能力，同时又要求学生经过长时间的声乐综合训练以及深入分析，找到解决问题的最佳方法。为了提高学生的学习效率和学习效果，声乐教师在教学中要从实际情况出发，严格根据教学内容以及学情设计出能够激发学生思考积极性的问题情境，设计适应不同层次学生需求的问题情境。对于声乐学习而言，不同层次的学生具有各自不同的认知特点与需求，同时也有着不同程度的差异性。举例来说，那些声乐基础不太扎实的学生更倾向于那些具有新颖性、丰富性以及知觉性的感知事物，具有扎实声乐基础的学生比较注重事物的内在逻辑以及挑战性，这意味着在教学中，声乐教师应该根据学生的具体情况来调整教学策略。

其次，丰富和拓展学习的途径与渠道。随着网络技术的进步和时代的发展，声乐领域获得了大量的在线资源，除了为高等师范学校的声乐教师提供了海量的教学内容与题材之外，还为学生开辟了更多的学习路径。从宏观角度来看，声乐教师在教学中应该做到以下七个方面：第一，声乐教师科学引导学生正确访问具有权威性的官方与权威网站，使学生能够了解声乐的最新进展并分享他们在声乐学习中的经验和感悟；第二，声乐教师为学生展示并详细介绍大型音乐赛事，如中国音乐金钟奖等；第三，鼓励表现出色的学生参与不同类型的社交活动，如声乐比赛；第四，声乐教师应该经常为学生提供一些演唱和表演方面的指导意见，并将其作为一种教学手段来加以推广；第五，推荐声乐大师的私人博客给学生，这样可以进一步拓宽他们的知识视野，并激发他们的学习兴趣；第六，声乐教师应鼓励学生在日常生活中关注主流媒体中和声乐相关的关键信息；第七，结合多元化考核方式来激发学生的积极性，使其主动参与到声乐教学中来，从而提高自身素质，提升教学效果。

最后，综合学习成果。站在激励机制的层面看，声乐教师在教学的过程中需要用一种欣赏的态度，有计划地对学生在声乐学习中的微小进步和不足进行认真观察与捕捉，采用"以正面激励为主导、以负面激励为补充"的方法。从评价方法的视角出发，声乐教师应该严格按照学生的不同能力，向他们提出各种难度的问题，确保每位学生都可以通过正确的问题解决方式持续增强自信。从教学模式角度来看，声乐教师主要采取生成性教学方法，即在师生之间营造一种和谐融洽的氛围，使每个人的潜能得到最大程度发挥。此外，声乐教师的评价准则应当是全面的，具有一定的综合性，主要涵盖学生在声乐理论知识、实际演唱技巧等多个方面的表现。高师的音乐教育专业课程设置与普通高等教育课程设置相比具有自身的特点，其培养目标主要体现为培养合格的音乐师资力量。生态课堂的理念就某种程度而言已经完全超越了传统的课堂教学理论，它在这种新型的生态课堂环境中，构建了一个具有持续性和发展性的生态评价机制，并使教师和学生之间确立了一种民主、平等且充满互动对话的关系，这充分展示了生态课堂的独特性质。所以，在构建高师音乐教育专业声乐生态课堂教学的过程中，声乐教师能够通过生成式的教学方法，并根据教学的目标、内容等来构建一个完整的"教"体系；声乐教师在课堂上教授学生知识的时候，通过实施探索性的教学方法，构建一个完整的"学"体系，最终构建一个具有互动性的"教与学"高师音乐教育专业声乐教学生态课堂模式。

（六）声乐微格教学模式的探索

1. 声乐微格教学模式的内涵

（1）信息反馈的全面性

在微格教学中，信息的精确反馈是至关重要的一环，反馈技能的训练成果则是对教学效果进行合理检测的关键信息。通过持续的信息反馈，可以修正学生在学习过程中的失误，确保他们最终能够实现预定的教学目标。声乐教师要想提高教学质量，就必须对学生进行正确有效的信息反馈和指导，以促进其良好学习行为和习惯的形成。

在高等师范学院的音乐教育专业声乐课程中，声乐教师应该让学生严格按照课程内容在课堂上轮流进行歌唱表演，并且组织学生集体观看，同时通过多媒体设备将其表演过程完整录制下来。演出结束之后，教师和学生共同讨论演唱时出现的各种问题，重新播放录制的视频，最终作出合理的评价。通过视频的回放，声乐教师的角色发生转变，即从主角成为导演，学生在听取间接反馈意见的过程当中，也能获得直接的视频反馈刺激。这些反馈信息可以帮助学生及时纠正与改变学习的错误观念以及行为，对建构的过程进行持续性的修正，通过对训练针对性与合理性的总结、概括，使学生的学习效率得到较大幅度提升，从而最终确保学生对歌唱表演的准确理解以及技能的全面掌握。

通过这样的教学方式，不仅可以使教师更好地进行教学实践活动，还能有效提升课堂效率，达到理想的教学效果。由于多媒体技术的不断进步，声乐教学系统的集成度逐渐提高，多媒体计算机借助先进的科学技术能够完成教学视频的采集、编辑等诸多工作，教师通过网络就能进行远程指导，实现资源共享，并可随时查看教学成果。微格教学设备系统，通常情况下由两部分组成，即是校园网络中的多台多媒体计算机和终端演示设备，教师能够通过多媒体计算机对教学计划与方案进行合理、科学的制定，有序组织丰富的多媒体资料，同时将其完整地上传到校园网服务器。学生可通过网络访问课堂录像，在网上相互沟通和交流，并能随时下载课件。教师在教学过程中通过对校园网络资料的调用，在多媒体演示设备上进行播放。在技能训练阶段，教师使用话筒以及摄像头对视频和音频进行全方位采集，并将其压缩成数字文件，分类、完整地存储在计算机当中，方便教师或者学生评价的时候回放，对教学成果进行及时的检查，对演唱中多次出现的错误进行及时纠正，直到达到声乐教师设定的教学目标。

（2）培养声乐创造性思维

创造能力是一个人综合素质的重要体现，也是知识经济时代对教师提出的基本要求，为了培育和快速提升学生在创造方面的能力，核心在于对学生的创造性思维进行培养。创造性思维能力就是对事物进行分析、综合、比较、概括、抽象、判断等逻辑思维活动，产生新颖独到的见解或创造出具有社会价值和实用价值产品的能力。

在教育和教学过程中，创造性思维意味着人们能够打破传统的思维模式，从全新的角度对问题的解决方案进行积极探索。因此，教师在传授知识时，不仅要向学生传递大量信息，还要对学生进行必要的心理调控。作为一种高效的教学方式，微格教学旨在帮助学生对自己的情感、驱动力等有正确的认识以及科学的评价，并在此基础上全面培养和快速提升他们的自尊、自律和自我约束的能力，有效地使学生通过自己的实践活动掌握各种技能技巧。就本质而言，微格教学实际上是一种具有开放性的教育方式，其在教学过程中所需的条件、环境等均和培养、发展创造性思维有着非常直接的联系。可见，微格教学对学生创造能力的提高具有积极作用。

在微格教学模式下，教师应尽可能利用身边各种条件为学生创造一个有益于创造的氛围，助力他们发掘潜在的创造能力，点燃他们的创造激情，通过多种途径提高学生分析问题、解决实际问题的能力，从而使学生具有良好的创造素质与能力。

这种教学模式具有很高的灵活性，为学生提供了更多的机会。学生能从不同角度观察事物，自己去探索问题，使学习变得生动活泼、主动起来。在问题解决的过程中，每位学生均享有提出个人构想的机会，在此过程中学生的个性得以充分展示，学生的创造力得到充分发挥。学生具有独创性和创新性的观点能够多次得到激励，这不仅有助于减轻与降低学生巨大的心理压力和紧张情绪，还可以为他们营造一个更加民主的学习环境，使师生之间形成一种平等和谐、相互尊重、共同发展的新型师生关系。在微格教学模式下，教师通过营造一个具有民主性的教学环境，学生的思考范围与空间得到进一步拓展与延伸，通过实施"协作学习"科学策略，学生在创造性思维方面的流畅性、灵活性得到培养和提升的同时，其独特性也得到相应提升。

"协作学习"具有促进合作与交流的特点，能有效提高教学效果，代表了与现代教育理念相契合的前沿教学与学习方法，以小组活动为主要形式，通过师生间互动合作来完成教学活动。在小组观摩评议中，对学生学习的独立性进行了重点强调，在微格教学的执行过程中，评价主体的多样性得到了重视，同时评价方法也更加多样化，主要包括自我评价、他人评价以及专家评价，其中评价过程由参与观察、讨论交流和集体反思等环节构成。在微格教学中参与者不仅是学习者，还是自我评价者与他人的评价者，就某种意义上来说将以前评价对象被动接受评价的传统方式打破，尤其是对评价对象的主体性进行重点突出，使评价对象的创造性意识与自我意识得到进一步增强。同时，教师与学生都有可能成为评价的客体，他们各自以自己独特的视角来观察和分析事物，从而获得更多的信息。评价的目标不仅能够用来解释评价的结果，还能够基于评价双方的"协作"来得到双方都认同的评价结论。微格教学因其小巧的规模、短暂的时间、高度的操作性、不受传统束缚的教学方式和多样化的评价主体受到青睐，这可以对学生的思考、口头表达和实际操作等多个方面的能力进行全方位培养与提升，进而使他们的思维速度进一步加快，将之前固有的思维模式打破，并从多种视角和层次对问题进行灵活的思考。

2. 声乐微格教学模式中的重要环节

（1）组织示范观摩

教师针对不同的教学技能为学生提供与其相对应的课堂教学片段，并有序组织学生进行示范和观摩。教师根据教学内容选择适当时间播放录像资料，学生按要求认真观看，之后小组成员进行深层次的讨论和全面分析，并最终达成一致意见。同时，教师根据学生实际情况，结合自身经验，有针对性地指导和帮助他们学习掌握歌唱技巧及发声方法。在声乐演唱的示范观摩环节中，学生在欣赏完他人的表演后，通常会比较自己与其他同学在处理相似问题时的长处和短板。通过这样的方式，学生意识到自己存在哪些不足，并以此为起点进一步学习改进自身的不足之处，最终达到提高教学效果的目的。

微格教学可以为学生提供影像反馈，反馈不仅具有准确性，还具有客观性，便于学生亲自观察和体验自己的教学过程，从而更好地"教育"自己，这种教学方法明显优于传统的反馈教育方式。同时，还可以通过师生间相互交流来了解对方的学习情况。在他人评价中，无论是同学还是教师，他们都会从各自的角度认真阐述自己的观点，并对他人的长处与短处进行深入的思考。在必要的情况下，他们还会进行全方位的讨论，从而达到自我认知以及自我评价的新高度，通过不断地反思和总结发现自身的不足之处，并进行及时调整。

（2）角色扮演

在微格教学中，角色扮演被视为核心环节，它是对受训者进行教学技能训练的一项实践活动，并且每一位受训者在这个活动里均需要扮演特定的角色来进行模拟教学，这样不仅可以使受训者获得丰富的感性认识和知识，还可以有效提高他们分析问题、解决问题的能力。微格教学为学生提供了更多宝贵的实践机会，有利于激发他们的学习兴趣，提高教学质量。

在微格教学模式中，角色扮演为学生提供了一个登上讲台的宝贵机会，让学生可以通过自己的实际操作来展示自己的设想和技能理解，并同时进行视频录制，从而提高学生的学习积极性，还促进了师生间的情感交流。在微格教学模式中，学生不再只是被动地听课，而是成为教学过程中的活跃参与者，这体现了微格教学方法的优越性。在角色扮演之前，教师应事先了解学生，熟悉教材并掌握一定的知识。在进行角色扮演的时候，受过培训的学生可以轮流担任教师，学生由学生来扮演，因为学生都是在老师的引导下完成角色转换的，所以可以提高教学效果。

在进行微格教学实践时，任何人都不应中断"教学"过程，而是要让"教师"去对教学中遇到的"问题"进行独立解决。所以，在开始角色扮演之前，指导教师应该向学生明确解释角色扮演的相关规定；在角色互换后，教师还要根据每个学生对学习内容的理解程度来调整自己的教学方式；在模拟课堂中，除了教授者与学生，应尽量减少与课程无关的其他参与者，以便于教授者在面对摄像设备的时候其紧张感可以得到缓解；那些扮演"教师"角色的人，应该将自己视为一个"纯粹"的教育者，在教学中要保持清晰的思路、正确的姿势和良好的面部表情，以确保动作自然流畅，将自己沉浸在课堂教学的真实情境中，严格按照备课计划有组织、有计划地开展教学实践，以此来培训和全面提升他们的教学技巧；扮演"学生"这一角色的学生应该将学生的个性特点展现出来，并主动融入特定的情境中。在某些情况下，教师也可以让学生模仿一个经常答错的学生角色，以此来激发和提高执教者在应对突发情况时的相关能力。"学生"角色要随着课堂上问题的解决不断转换。对于"学生"而言，执教者日常生活中的亲密伙伴是最佳选择，这将为第一次走上讲台的执教者带来安全感。

3. 声乐微格教学模式中的反馈与评议

（1）学生自评

通过对自我的观察和找出存在的不足，教师这一角色的扮演者对技能应用的具体方法与成效进行深层次分析，以科学、合理地判断是否实现了设定的目标，并且列举出优点和不足，对所取得的成绩给予肯定，并识别出存在的不足，同时对问题进行反思，提出改进意见，以便下次实现更好的教学效果。如果觉得情况很差、感到极度不满，能够申请重新开始角色扮演与视频录制。角色示范后，教师在现场观看并记录下每个人的表现情况，然后对所有的同学都进行评价。同时，指导老师能够按照实际情况与时间来决定是否进行重新录制，以最大限度地提高学生的积极性。

（2）组织讨论与集体评议

在评议过程中，应以技能理论为基础，对优点和缺点进行综合全面分析，同时进行定性评议；依据量化评价表来确定成绩，并据此进行量化评价；在此基础上对学生作出正确评估，指出存在的问题，并针对这些问题进行反思。负责指导的教师应该对引导工作进行重点突出与强调，为学生营造一个有利于学术讨论的良好环境。

（3）指导教师评议

对于学习者而言，指导教师评议是非常重要的，甚至他们的观点在很大程度上起到了决定性的作用。所以，指导教师在评议的时候，应力求客观、全面和准确。在评议扮演者的时候应该根据不同类型学生的特点，考虑他们各自所具有的优势与劣势，长处需要详尽地描述，对于他们的短处也要深入、明确地阐述。除此之外，指导教师应当重视和强调对学习者的自尊以及积极态度充分保护，以讨论者的身份参与，探讨"应该如何行动以及如何做得更好"，唯有如此才会带来更佳的学习效果。

4. 声乐微格教学模式在合唱教学中的运用

就本质而言，微格教学其实是一种协作式的教学模式，在开展合唱教学过程中具有十分积极的影响。在合唱指挥的教学过程中采用微格教学模式，目的是为学生提供更多的机会，以在课堂上更好地展示自己，并在教师和学生之间的互动中获得具有针对性的有力指导，从而提高音乐表现力和合作能力以及审美能力。微格概念以一种独特的方式引入合唱的教学过程中，其优点是目标清晰、焦点明确、反馈迅速且客观准确。在教学中，通过角色的互换，学生对"教"和"学"两者之间的关系有更清楚的认识，以使他们的自我认知以及创新的精神与能力得到进一步培养与提升。声乐教师在教学过程中能够专门针对某首声乐作品的排练或者特定的教学环节，安排学生扮演教师角色或者学习者，并且本小组的成员按顺序轮流开展模拟教学实践。通过集体观摩教学流程的方式，学生能够对教学过程中出现的各种问题有更为直观的理解，同时有效地调动学生学习积极性。

微格教学的广泛推广和实施，极大地促进了学生对教学技能的进一步掌握。然而，教学过程本身并没有固定的模式，教学方法也不存在优劣、先进或落后的区别，仅存在是否合适的区别。因此，要想提高教学质量和效率，必须根据不同教学内容采用不同的教学模式，这样才能使教学效果达到最优。在实际的课堂教学过程中，没有任何教师能够通过预先准备好的流程化教案或者其他方法，对所有可能出现的问题全部顺利解决。因此，音乐教师应该根据自身特点，结合教学内容，灵活运用各种教学策略和方法进行课堂实践，使自己成为一名优秀的"准"教师。

5. 声乐微格教学模式对师生能力的培养

微格教学融合了现代教育、教育技术等多门学科的理论，其独特之处在于理论与实践的紧密结合。在声乐微格教学的实际操作中，教师一方面需要掌握宏观层面的先进和科学的教学方法，另一方面还需要具备对声乐的历史发展和各个学派的教学理论深入的研究和灵活应用的相关能力。在声乐教学中，教师不仅要教授声乐课程，还需要培养和提升学生在创新方面的思维能力，这涉及两项核心内容：首先是借助不同的方式努力激发和培养学生的创新精神，这简单来说就是声乐教师在课堂上传授学生知识的过程中，应对学生的发散性思维进行重点培养，侧重于他们的全方位成长；其次是对学生的二次创作技巧进行重点培养。众所周知，声乐是一门实践性很强的艺术学科，需要学生具备良好的音乐素养和扎实的专业技能基础。因此，声乐教师在进行声乐教学的时候应使学生的学习热情和对知识的渴求欲望得到充分满足，并在声乐作品的演唱环节中鼓励学生积极进行二次创作，以培养和提升他们的创新思维和能力。

从学生的层面来看，声乐学习不仅需要掌握科学的演唱方法和技巧，还必须深入学习声乐的理论知识。只有掌握了一定的声乐基础理论知识，才能更好地指导实践，使之成为自己独立的艺术创造能力，从而提高自身综合素质。学生努力学习和完善自己的声乐理论知识，同时丰富自身的实际歌唱经验，以塑造出独特的系统性声乐理论与演唱方式。

第三节　高等师范音乐教育声乐教学方法的改革

一、启发式声乐教学方法

（一）启发式教学方法概述

启发式教学又称为发现教学，与其说是一个新的教育理论，不如说是一个古老教育思想的复兴。

1.启发式教学方法的特征

（1）客观性

学生的客观实际涵盖学生的生理、心理、思想、认知水平、学业水平、学习能力、学习需求、自身特点等多方面内容。建立在教师主观臆断、超出学生客观实际的教学，都会导致教学中不和谐现象的产生。

(2)主动性

主动性描述的是学生在教学过程中的自觉性、主动性、积极性以及创造性，这使得他们可以在不同类型的教学活动中表现得更为出色。学生的主动性通常体现在他们可以清晰地认识到学习的重要性和意义，持有积极主动的态度，对学习充满热情，同时通过科学、有效的方法展现自己的创新思维，将独创性淋漓尽致地发挥出来，动力与方法两者相辅相成。事物的发展是内外因共同作用的结果，往往内因起决定性作用，促进学生的成长与发展必须发挥学生的主动性。

(3)互动性

互动性与主动性既存在联系，又有自身的独立性。在教与学过程中，受到各种客观因素变化的影响，师生间的相互配合、相互影响也会随之发生相应的改变。启发式互动具有以下两个特征：

①目的性。针对师生双向的信息交流，以满足学生解决问题的需要等。

②点化性。互动性是教师通过对学生的引导来解决问题，不是直接告知答案。教师的作用是"启"，在这个点化教育基础上产生学生的"发"，引导学生会思考、会学习，激发学生的学习积极性。

(4)发展性

发展性是指在整个教学过程中，教与学能够相互促进，共同致力于学生的全面发展，以取得富有成效的教学效果。在教学中要实现学生的全面发展，只是依靠灌输式教学是难以实现的，需要一定的条件和机制来辅助。启发式教学为这一目标的实现提供了新的途径。

启发式教学方法的特征彼此之间存在不可分割的紧密联系，相互促进和依存。其中，启发式教学的基本前提和基础就是客观性，唯有以学生的实际学习情况为基础，才可以将学生的主动性最大限度地发挥出来；主动性是激发学生学习积极性和自觉性的关键；互动性是促进学生学习的外在条件，也是进行教学的一个过程；发展性是整个教学的最终目的。也就是说，真正意义上的启发式教学必须同时具备以上四个特点。

2. 启发式教学方法的再认识

启发式教学是现代教学理念的具体体现。单纯从教学方法和教学手段来讲，把启发式教学定义为与灌输式教学对立的范畴,认为启发式教学就是少讲多问,这种认识显然是不全面的。对于启发式教学的认识,应该从现代教学理念进行全面认知。在现代教学观中,最能体现其特点的就是以学生为主体,以教师为主导。启发式教学从字面上来看,"启"是"开启""启迪",行动主体是教师;"发"是"激发",行动主体是学生。

传道、授业、解惑是古代人对教师基本任务及职责的界定。但是,从现代教育理念来看,这并没有体现学生在教学中的主体地位,虽然"解惑"有师生互动的含义,但是"解"字突出的依旧是教师的主体地位,"传道、授业"两个过程亦是如此。在教育中,教师给学生传授知识和技能,这固然是非常重要的一部分,但是更重要的是通过适当的教学手段、教学机制激发学生的学习兴趣、求知欲,使其养成良好的学习习惯,培养科学的思维方式。

(1)尊重学生的主体地位

教育教学过程中的师生关系,由于教师在教育理论、教育技能、专业知识、专业技能等方面具备系统、全面、科学的知识与技能体系以及教学能力,因此在教育教学活动中占主导地位,起到规划和引导学生学习具体内容、掌握学习进程、更新学习方法的作用。开展教育教学活动的最终目的是促进学生的全面发展,教师教育教学的目的也是学生的全面发展和身心健康的成长,因此学生在学习过程中占主体地位。声乐教师在启发式教学中应当对学生的中心角色与主体地位给予高度的重视和尊重,深入了解学生的思维习惯,同时与他们的思考模式有机融合在一起,以恰当的方式开展启发式教学。其中,"不愤不启,不悱不发。举一隅不以三隅反,则不复也。"[1]"愤"是学生求知欲的表现。"悱"是学生表达自己认知,但又言辞匮乏,不知如何表达的状态。处于两种状态下的学生,对知识的渴望度会更高,这也是开展启发式教学的最佳时机。为此,教师在实施教学时,一定要像孔子一样对学生做到适时适度启发,避免使学生处于被动学习的状态。

(2)创建良好的社会文化与校园文化环境

从中外教育的历史发展来看,对于启发式教学的大力提倡,通常出现在弘扬人的价值、尊严的时代。只有在社会文化背景良好的条件下,启发式教学才能够

---

[1] 孔子. 论语[M]. 长沙:岳麓书社,2018:13.

顺利地开展。随着教育的发展，实用主义教育所暴露出的问题越来越严重，最终逐渐被人文教育的新思潮所替代。人文教育强调人在社会生活中所发挥的作用，它要求把培养人作为学校教育和社会教育共同追求的目标。人文教育所展现的，从某种程度上来说是对于人类生命的终极关心，追求塑造自由、全面发展的人，注重对生存智慧的启迪和对人生价值的反省。

目前，在教育界中存在一种更进步的教育思想，即把科学教育与人文教育相融合，一方面注重学生人文精神的培养；另一方面坚持培养学生科学的思维品质，并且科学教育的实施是以人文精神为底蕴。在大力倡导启发式教学的背景下，这种教学方法既关注学生的个体差异，又致力于唤醒学生的主体意识，这种方法注定会成为当前急需的教育策略。为了达到最佳的教育效果，在启发式教学中需要注意以下两点：第一，对教学评价模式进行优化与完善的同时，努力构建一个多元化的评价体系。教学评价在教师的授课和学生的学习过程中起到了重要的指导作用，它对教与学的内容、方法有着决定性的直接影响。在启发式的教学模式中，若主要依赖单调的考试方式、刻板的教学内容等，则很难展现和发挥启发式教学的功效。第二，声乐教师借助各种方法和手段，与学生建立一个具有和谐性、民主性的良好关系。要想获得学生的尊重，使学生思维得以自由放飞，势必要建立一种宽松民主的教学环境。在这种环境的影响下，师生关系会更加民主化、和谐化。只有当教师在开展启发式的教学活动时，才可以更深入地考虑学生的真实认知，并从学生的思维方式出发，使教师的主观臆断最大限度地减少，从而建立起以学生为主体、教师为主导的启发式教学。因此，构建良好师生关系是实现启发式教学目标的前提条件。在教师与学生之间建立和谐的民主关系，有助于深入挖掘与分析学生的主体意识，促使学生将独特个性充分发挥出来的同时，最终推动启发式教学目标的实现。

（二）启发式教学方法在声乐教学中的运用

1. 启发式教学方法在声乐教学中的作用

在声乐教学中，教师运用启发式教学法充分调动学生的想象力，学生在主动思考的过程中将课堂中抽象的理论和技能形象化、直观化，并加以认知。

（1）激发学生学习兴趣

学生具备学习兴趣，是声乐教学效果好的体现，积极、主动地投入学习是在学生对声乐学习感兴趣的前提下，只有这样教学效率才能够提高。

（2）活跃学生思维

教师在把握教学目标、教学进度中，通过不同形式的问答将教学核心内容呈现。当学生养成发散思维，不仅有利于解决当下的问题，还有利于培养学生探索意识、逻辑思维、分析能力，促进学生正确思想价值观念的养成，为学生全面发展打下基础。

2.启发式教学方法在声乐教学中的应用

声乐学科需要学生掌握科学的发声技能和富有情感的歌唱表现力。高等师范院校音乐教育专业主修声乐学生，在具备科学的发声技能和富有情感的歌唱表现力的基础上，还要具备中小学音乐科歌唱教学的能力。因此，启发式教学方法在学生学习能力、歌唱能力、教学能力培养中有以下应用：

（1）歌唱技能培养的应用

歌唱气息是歌唱的动力，吸气为了呼气，呼气产生声音，气息带着声音经过语言器官、共鸣器官形成不同的声音色彩、不同的语言以及不同的音质。完成歌唱运动是出发点，目标是陶冶情操，过程是通过科学的、系统的、有效的、长时间的声乐理论与声乐技能学习和训练培养歌唱技能。例如，歌唱技能中喉的问题，它可以影响声区拓展、影响声气结合等，产生人们常说的高音上不去、低音下不来和挤、卡、压等现象。通过启发式教学方法，引导学生透过现象究其根源：歌唱中的喉为什么产生这些现象？一是本能，人的本能是给喉以更多的力量，这恰恰是适得其反的歌唱运动行为；二是没有科学、系统地学习歌唱理论知识。"喉"是由软骨、韧带、肌肉和声带组成，当我们越唱不上去越本能地给喉部肌肉以力量的时候、越想唱好越本能地给喉部肌肉以力量的时候就会出现上述现象。当然，这还只是从这个层面分析问题所在，关键是通过启发式教学方法引导学生开启继续探索的兴趣、主动学习的动力。

（2）歌唱情感的培养

教学过程是教师的"教"与学生的"学"相结合的过程，声乐教学在此基础上还是引导学生二度创作的过程。二度创作是演唱者对声乐作品二次输出的过程，不仅要将谱面上的音乐要求、歌词内容与歌唱情绪相对应，还要在演唱中融入自身的理解与感情，从而呈现作品的深层含义，启发式声乐教学法不仅要引导学生有根有据地学习创作路径，还要引导学生在演唱过程中实践创作。

例如，《槐花几时开》是四川民歌中的山歌，早在清朝光绪年间刻本《四川山歌》中就有相关歌词的记载。歌词虽然只有四句，前两句写景，后两句是母亲与女儿的对答，但是描绘了一位情窦初开、恋爱中少女期待心上人早点回来的焦急心情，刻画了土家族姑娘对爱情的害羞与矜持的人物形象。首句"高高山上一树槐"交代了地点，实则引出生在农家小院、手握栏杆期待心上人早点回来的女主人公。"娘问女儿你望啥子"聚焦到女子和母亲的对话上，并形成转折。母亲的随口一问尽显女儿的忐忑，故作镇静回答"我望槐花几时开"，借花回答母亲的同时也掩盖了自己的羞涩。这首作品大量使用语气衬字衬词"呦""哎""喔""呦喂"等，不仅扩充了语句，而且增强了演唱的趣味性，突出了山歌的风格特征。作品的调式调性是 D 羽五声调式，旋律起伏较大，并大量使用倚音、装饰音、自由延长音等音乐符号，旋律线条多以柔和的小三度和纯四度构成，具有字密腔急、字疏腔缓的音乐特征和浓郁的土家族的音乐风格。

二度创作是创作，是充分解读作品音乐语言和文字语言后的创作，它存在一定的创新性；是基于原作基础上，根据自己对作品的理解最大限度地还原词曲创作者的意图；是从多角度进行创作，包括定调、演唱速度、节奏节拍、衬词装饰音、音乐情绪等方面；是演唱者的必经之路，是循序渐进、不断积累和完善的过程，也是提高演唱者音乐文化修养、音乐思维与表现水平的过程。

二、情境式声乐教学方法

歌唱艺术以音乐为基础，用语言表达思想，是一种将音乐和人文社会进行完美融合的音乐艺术形式。声乐学习就是对歌唱的站姿、歌唱呼吸方法、歌唱位置保持、歌唱共鸣运用、声气的结合、声字的结合等系列歌唱技能技巧的学习，并且在歌唱过程中能将所学的知识与技能灵活地运用其中。所以，身心和情境的合二为一对歌唱训练和歌唱表演非常关键。

（一）情境式教学方法概述

1. 情境式教学理论

情境教学方法起源于中国古代以及古希腊和古罗马时期，中国古代运用情境教学方法进行教学活动的案例胜数不胜数，其中最为著名的、最为人熟悉的是孟母三迁，它是在民间流传甚广的故事，也是在民间流传甚广的教育理论。当代中国情境教学方法的主要倡导者是江苏教师李吉林，他将情境教学方法与实践充分结合，并总结出系列关于情境教学方法的理论，主张分四步走：创设情境—引入情境—启发讲授—走出情境。[①] 在这之后，情境教学较为提倡的思想和基本方法，如将"美"作为教学的关键、将"情"作为教学的纽带、将"周围的世界"作为源泉对情境教学进行创设，还有对学生主动性、实践性、感受性、创造性的指导和启发，影响都非常深远。人本主义学习观代表人物马斯洛认为：学生从出生就有一定的探究动机，这种动机往往是潜在的，而教师的主要认识并非教授学生知识，而是通过创设情境使学生学会自我选择和自我决定，从而获得想要的东西。

2. 建构主义学习理论

建构主义认为世界作为一个客观存在的整体，所有人因为经验、信仰等的不同而有不同的理解。因此，在教学过程中，教师不能要求学生把所学知识全部掌握，而是应根据具体情况，采取适当的策略来促进学生自主建构知识。

对于学习者来说，要想掌握一定量的知识，首先需要建构完整的知识体系，需要以自己的实际经验为基础，之后深入分析、全面检查以及合理判断新的知识，接着进一步加工与创新已有的知识，最终形成了知识结构的同化与顺应现象。这种建构过程既可以在个体中完成，又能够由群体来实现。所以，建构主义对已有知识与经验的梳理给予了高度重视，同时也十分注重对心理结构与信仰的正确建构，一方面侧重于学生在学习、教学等中除了具有情境性之外，还具有一定的社会性和主动性；另一方面也鼓励学生分享自己的见解与观点。

[①] 李吉林.情境教育的诗篇[M].北京：高等教育出版社，2004：22.

（二）情境式教学方法在声乐教学中的创设

1. 情境式声乐教学创设的原则

（1）情感激发原则

歌唱者要想完美地演绎声乐作品，在掌握扎实的歌唱技能技巧基础上，还需要能够正确地表达作品的情感。发挥情境教学的情感激发功能，是演唱者正确表达歌唱情感的主要方式。将作品本身蕴含的精神、情感、风格等淋漓尽致地展现出来是声乐教学的主要内容，这实际上是一种情感的体验与迸发的过程。如前所述，声乐教学不再是简单的经验传递、灌输式注入的教学，情境创设整体上提升了学生参与课堂的兴趣、提升了学生参与课堂的专注度，并且在平时的教学训练中十分重视将体验作品的精神、情感、风格等因素与其他学科知识与技能教学进行融合，这极大地提高了声乐教学的效率。

（2）想象激发原则

众所周知，一个人的生活经验越丰富，对于作品表达的内容与情感就越容易掌握，这其实是脑海中储存意象多少的问题，储存的多联想到的就多，便更容易表达作品的情感色彩。所以，要想准确地传情达意，脑海中的表象就一定不能少。在感知体验事物之前，需要有一定的案头准备工作、心理和情绪的建设。例如，在熟悉作品谱面内容基础上，通过查阅文献、视听音视频等相关资料了解、想象、感知。在感知体验事物之后，要引导学生学会运用自己的感官去感受、体验事物，将自己体会到的情感赋予作品，使没有生命的物体通过想象也能带有情感，从而完美体现声乐作品的情感。

（3）表象积累原则

表象积累原则是对脑海中相关事物印象进行积累的原则，实现途径如下：将脑海中的画面进行描述，在回忆过程中加深自己对已储存画面的印象，并且用文字记录下来。需要注意的是，这里的记录不是流水账似的机械写作，而是带有情感的描述。将自己感知和体验到的有特点的场景进行勾画，并在旁边写上注解，需要注意的是，注解尽量细腻和详尽，将情境与感受叙述出来。好记性不如烂笔头，这可以使学生加深自身对之前感知和体验过的事物或情境的感受，并且当出现需要利用某种情境时,脑海中的印象会自动形成影像,帮助演唱者更快更好地演绎作品。

(4)思维培养原则

素质教育要求教学过程以教师为主导,以学生为主体,这并不是让老师撒手不管,完全放任学生自由成长,而是需要在适当的时机、以合适的方式帮助学生进行知识与技能体系的构建,给学生充足、充分的空间,用耐心与宽容帮助学生更好地学习与全面发展。

2.情境式声乐教学的创设

师生互动情境创设需要教师与学生用语言进行沟通与交流,在富有情感的教育教学中交流真实的思想与情感,拉近师生之间的距离。此外,此情境还具有情境性的特点,可以使学生更好地融入相关声乐作品的情感色彩中,更加深刻、透彻地体验和感知作品的内涵,并在与教师的交流中增长自身的知识。

(1)美的语言

对于课堂上教师的教学,学生体验最直接的是教师教学风格,这其实就是不同教师对于不同语言的、富有个性色彩的运用。运用得当的语言会给人以美的享受,美的语言会传达出美的内容,而这些语言对于学生的思维、兴趣、注意力等都具有强大的指引作用。美的语言是一种艺术,只是这种艺术会有不同的表现形式,与教师个人的教学风格相关,但无论是幽默风趣的还是春风细雨的,都是美的语言,对教学起到正向推动作用,使学生在学知识的同时也能获得美的享受。

(2)以教学语言为载体创设互动情境

世界上没有两片完全相同的叶子,人与人亦然。学生之间存在着身体外在的不同、音色的不同、音域的不同等,还包括学生演唱习惯、演唱审美、面部表情、肢体动作等客观上的差异,这些差异决定了声乐教学是一个个性的、抽象的、复杂的过程。所以,教师与学生之间的语言交流就更加重要。师生之间的语言交流使得课堂不再是教师的"一言堂",而是教师与学生互动、交流的场所;师生之间的语言交流同样使学生在课堂上展现自己的主体地位,可以更加主动、积极地参与到教学中去,这使得原本个性的、抽象的、复杂的声乐教学变得生动、透明、有趣。

现在对声乐教学的要求不仅仅是在课堂上用音乐知识和技能向学生灌输，还要借鉴和运用相关学科、交叉学科，甚至其他行业有效的、有益的方法，并将其融会贯通到声乐教学中，从更多方面、更多途径帮助学生习得声乐知识与技能，从而更加透彻、深刻地理解声乐教学本身的意义和对音乐文化的意义。通过观察、分析声乐教学对师生的综合要求可以发现，声乐教学不是仅仅教会学生学会唱歌，而是重视学生对音乐情感与音乐文化价值的把握与理解。所以在声乐教学中，应该将声乐中的文化内涵体现出来，将相关的多种文化融合。

第六章　高等师范音乐教育声乐教学内容的改革

声乐课程是高等师范院校音乐教育专业的专业必修课，其教学内容能否适应社会需要是检验该学科教学质量的重要标准。由于国家对音乐教育专业越来越重视，社会对声乐学科的了解越来越深入，要求也越来越高，各高等师范院校对声乐课程教学内容的改革也随之越来越积极。本章重点论述高等师范声乐教学内容的改革，着重研究红色音乐文化的传承与发展、传统音乐文化的传承与发展。

第一节　红色音乐文化的传承与发展

一、红色音乐文化融入学校教育的研究

（一）红色音乐文化内涵

1. 红色音乐文化定义

红色是中华人民共和国国旗的颜色，红色文化是中国人民在中国共产党领导下，在实现中华民族解放的历史进程中和社会主义三大改造时期，在整合、重组、吸收、优化古今中外先进文化成果的基础上，以马克思列宁主义科学理论为指导而生成的革命文化。红色音乐文化是红色文化的重要组成部分，专家、学者对于红色音乐文化的概念属性及其内涵的讨论具有一定的相似性。解超颖认为，红色音乐文化的研究是属于红色文化范畴的。红色音乐文化形式多样，包括舞蹈、器乐和创作音乐等，是具有革命精神的艺术形式，其精神内涵具有不可替代的价值。[1] 蔡麟认为，我国红色文化建设中，不仅具有先进性的特点，蕴含历史文化内涵与革命精神，还具有丰富的艺术性、审美性与社会教育意义。[2] 白艳从四个主要历史时期对红色音乐文化的发展、传播、社会功能等意蕴进行深入探究。[3] 冯诚纯对红色音乐文化时代价值进行讨论，从红色音乐文化百年缘起与流行讨论其承载的中国魂，以革命歌曲论述红色音乐文化蕴含的民族精神与爱国情怀，他认为用红色音乐文化引领人民群众牢记党的奋斗历史，传承其伟大的红色革命精神，有利于鼓励人民群众向美好生活不断奋斗。[4]

2. 红色音乐文化特征

红色音乐文化是在中华民族传统文化土壤中成长起来的一个子文化，无论是文化载体还是文化内涵，都具有鲜明的民族性与地域性特征。1957年创作的歌曲

---

[1] 解超颖.民间红色音乐文化价值刍议：以临沂地区代表性民间音乐为例[J].大家，2012，（10）：94.
[2] 蔡麟.浅谈红色音乐文化发展的当代价值[J].北方音乐，2012，（3）：32-33.
[3] 白艳.红色音乐文化的意蕴探究[J].中学政治教学参考，2020，（9）：94-96.
[4] 冯诚纯.红色音乐文化及其时代价值[J].党政论坛，2020，（11）：44-48.

《祖国颂》，采用悠长的旋律，以磅礴、大气的音色展现了人们对于中华人民共和国无限的热爱与赞美之情，呈现出一片欣欣向荣的中华人民共和国发展景象。[①]经典红色歌曲《红梅赞》采用了传统的民歌曲调创作，配合以婉转、高亢、坚定的调式和规整、简练的歌词，淋漓尽致地展现了我国传统声乐艺术深厚的内涵，传达出浓厚的民族文化韵味。

红色音乐文化是中国共产党人、先进知识分子、人民群众在革命战争年代创造出来的，天然具有革命性和大众性特征。红色音乐文化或者展现中国共产党的正确领导、或者歌颂英雄人物的无私奉献、或者赞美人民军队和人民群众的艰苦斗争，革命性成为催生红色文化的核心精神动力与价值诉求，也成为红色文化的本质属性。例如，《十送红军》淋漓尽致地表达了劳动人民对于红军的深厚情感，传达出人民对于革命胜利的强烈期盼。

红色音乐文化是在革命与战争年代形成的，每一种文化载体的背后都拥有特定的历史事件，蕴含着特定的情感思想，造就了红色音乐文化的历史性和时代性特征。红色音乐文化是我国红色革命与战争史的文化载体，是红色历史的重要组成部分。

红色歌曲是红色音乐文化的重要组成部分，学习红色歌曲就是学习红色音乐文化、红色历史，了解红色故事和体悟红色精神。红色歌曲都是立足于特定的时代背景、现实情景、真实情感创作出来的，蕴含着深厚的精神内涵，表现出强烈的精神感染力、号召力与激励效果，造就了红色音乐文化的精神和艺术性。这恰恰是诸多艺术家创作和演唱红色歌曲的核心动机，如《保卫黄河》明快、激昂、铿锵的风格，展现了人们保卫家乡、保卫黄河、保卫祖国的激情，表达了战胜敌人、夺取胜利的信心，奏响了中华民族救亡图存的时代最强音，激励了无数仁人志士赶赴前线、奋勇杀敌。强烈的精神激励与感召力，造就其独特的艺术价值，使其经久不衰。

3. 红色音乐文化作用

韩晋松认为红色文化是中华民族生存和发展的重要根基，是代表国家软实力的重要象征，也是中华民族在实现伟大复兴前进道路上的内驱力，是新时代社会

[①] 管林. 中国民族声乐史 [M]. 北京：中国文联出版公司，1998.

主义现代化建设中最为宝贵的精神财富。①蔡麟认为红色音乐记录着中国共产党领导人民进行革命的光辉历程。红色音乐文化是红色文化建设的重要内容，是中国特色社会主义先进文化的重要组成部分。不仅对红色音乐文化的艺术性、美学性进行总结，同时探讨其未来发展的思路。②马晓霜提出红色音乐文化的艺术特性体现出其较高的鉴赏价值，他认为红色歌曲能够真实地体现出社会主义建设时期广大人民群众的精神状态、生活场景等，体现出全国人民团结一致建设中华人民共和国的壮丽画面。③孟乔认为红色文化一直以来就被认为具有社会教化作用，同时还具有凝聚力量、鼓舞人心、激励人奋发向上的作用。④聂伟娟认为红色音乐文化是一种政治文化，特别是在思想政治教育中能够发挥凝聚和激励人心的作用。她认为红色音乐文化的传承和发扬有利于帮助人们了解历史。⑤陈宝禄认为红色音乐文化的作用是多样的，包括促进经济发展的作用。他认为红色音乐在多元文化传播发展的今天可以抵御不良思想侵蚀，能够振奋青年一代的精神，使其精神境界得以提升，同时能够增强民族自信。红色音乐文化如今已成为宣传爱国思想和党的执政纲领、传承红色基因、推动经济建设和促进社会和谐发展的有效方式和重要途径。⑥

（二）红色音乐文化融入学校教育的研究

1. 红色音乐文化融入学校教育的背景

2021年，教育部关于革命传统进入中小学课程教材印发了相关指南，指出在小学阶段要注重对革命领袖、英雄事迹、革命歌曲和故事的运用。围绕思想与道德的启蒙激发小学生们对革命英雄人物的崇敬，并能以此为榜样学习，增强自身的民族自豪感。2021年5月，教育部办公厅发布了《教育部办公厅关于做好"音乐党史"系列活动有关工作的通知》。举办音乐党史系列活动，目的就在于鼓励

---

① 韩晋松.新时代红色音乐文化的意蕴探究[J].艺术评鉴，2022，(17)：64-67.
② 蔡麟.浅谈红色音乐文化发展的当代价值[J].北方音乐，2012，(3)：32-33.
③ 马晓霜.红色音乐文化的特点与未来发展探究[J].牡丹，2021，(2)：126-127.
④ 孟乔.浅析红色音乐文化在促进文化自信中的作用[J].党史博采（理论版），2021，(9)：67-69.
⑤ 聂伟娟.新时代红色音乐文化的价值传播功能探析[J].名作欣赏，2022，(35)：56-58.
⑥ 陈宝禄.论红色音乐文化的作用[J].民族音乐，2022，(3)：9-11.

广大师生和群众学习红色音乐，不忘历经艰险的岁月，从而进一步传承红色基因。通过国家政策的支持，红色音乐文化蕴含的思想极大地促进了师生对红色音乐文化凝聚力、影响力、艺术感染力的认知，推动了红色音乐文化在全国的传播。

2018 年，我国首届红色音乐文化论坛在上海召开。来自全国高校近百名学者，探讨红色音乐文化研究与发展，对红色音乐文化和红色音乐创演结合思想政治理论课教学作出了深入探讨。2020 年《中国红色音乐文化传播研究》开题，由廖昌永担任首席专家，是我国社科基金艺术学的重大项目。该课题是一项综合性研究，具有学术价值和应用价值，主要针对红色音乐文化的理论发展与传播发展、红色音乐文化发展战略决策与专题案例等内容进行研究，具有一定的社会意义。2021 年在庆祝中国共产党成立 100 周年之际，《中国红色音乐文化传播研究》论坛在中国共产党创办的第一所综合性大学——延安大学新校区举办，会议展示了上海音乐学院的国家社科基金艺术学重大项目《中国红色音乐文化传播研究》的最新进展。刘辉主编在著作《红色经典音乐概论》中，对红色音乐的发展、特点、意义作出了详细的论述，他从革命各个历史时期、中华人民共和国成立前后时期、社会主义建设时期、改革开放时期对红色音乐的创作、红色经典音乐家、当代红色音乐研究及其成果进行了全面的展示和深刻的讨论，他认为红色经典音乐对于我国音乐史研究及音乐艺术创作具有重要的理论价值和现实意义，对于音乐院校人才培养具有重要的作用。

2. 红色音乐文化融入学校教育的研究

红色音乐文化属于红色文化资源，利于传承红色基因。关于红色资源与红色基因，谭冬发和吴小斌认为广义上的红色文化资源是涵盖人类一切文明的文化载体，是爱国主义的体现；狭义上的红色音乐文化，是经过实践而得到的我国物质与精神文明总和。[1] 田延光认为，要将红色基因融入学校和课堂中，充分发挥红色基因的育人作用，需探索课堂实践、校园实践、社会实践的有机结合，将红色故事、红色音乐、红色影视等纳入学校教育资源中，通过建立专属红色网络、制定综合评价机制等传承红色基因。[2]

---

[1] 谭冬发，吴小斌."红色资源"与扶贫开发 [J].老区建设，2002，(7)：44-45.
[2] 田延光.牢记初心使命 让"苏区精神"永放光芒 [J].党建，2020，(10)：24-26.

现如今各个阶段的音乐教材中都有红色音乐课程设计，小学中有唱歌课、中学有欣赏课和唱歌课、高中有鉴赏课，用红色音乐文化推进思想品德教育不仅在中小学普及，而且在高校也一样广泛运用。

（1）红色音乐文化融入中小学的研究

马正军提出要以红色音乐正确引导中小学生，培育中小学生的爱国情怀，促进对中华民族的传统红色音乐文化的认同和理解，培养全面发展的社会主义建设者。李思雨提出了初中音乐教学中红色经典歌曲应用过程中发现的问题以及问题的成因，并且结合问题内容给出解决对策，同时还建议学校积极开发新颖的红色歌曲应用途径。任琳分析了红色音乐文化同思想政治教育的内在联系，调查和分析了红色音乐在中小学音乐课堂上的现状，同时提出了红色音乐在中小学音乐课堂上开展思政教育的实施途径，在正确认识红色音乐文化的基础上制定了教学目标、教学计划、教学方法，并且在关注受众群体中突出对中小学生的教育。[1]

（2）红色音乐文化融入大学生思想政治教育的研究

于君认为要将红色音乐融合在思政课中去，通过开展多元化的校园红色音乐实践活动，使学生从听众观众转变为深入其中的主角，让他们在参与和创作过程中感悟红色音乐的精神内涵，从而达到"寓教于乐""潜移默化"的思政教育目的。[2]杨京晶认为要将红色经典音乐与高校思想政治课有效结合，并且提出红色经典音乐是进行高校思想政治教育的有效手段。[3]兰一立认为红色音乐天然具有思想政治教育的属性，是高校开展思想政治教育工作和推进思政课教学改革的有效支撑。[4]胡杨提出高校红色文化资源育人的基本原则：要共建共享，形成红色文化资源开发及育人的合力；要实事求是，还原红色史实的同时注重因材施教；要以生为本，观看大学生的身心发展诉求；要知行合一，理论教育与实践教育适时衔接；要灵活多样，线下教育与线上教育同步开展。[5]张有武认为红色文化资

---

[1] 王宏伟. 旋律中的红色记忆[M]. 太原：山西经济出版社，2022.
[2] 于君. 红色音乐对培育当代大学生思政素养的实践意义[J]. 当代音乐，2022，(8)：41-43.
[3] 杨京晶. 论影响大众音乐欣赏的三大因素[J]. 大观（论坛），2018，(9)：70-71.
[4] 兰一立. 红色音乐融入高校思想政治教育研究[J]. 四川戏剧，2022，(1)：124-126.
[5] 胡杨. 红色精神谱系的价值意蕴及其传承的实践进路[J]. 南昌师范学院学报，2023，(1)：11-16.

源融入高校思想政治教育的价值在于提高大学生的文化自信，丰富大学生思想政治教育的内容和形式，增强大学生思想政治教育的亲和力与实效性。[①] 由此可见，红色音乐文化融入学校教育的实践研究是多维度的，不但对中小学校的中小学生，而且对高校的大学生，都具有不可替代的教育价值。

3. 红色音乐文化融入学校教育的价值

（1）传承和发展红色基因

蔡麟认为红色音乐是由顽强坚韧的理想信念炼成的，是由永垂不朽的革命事迹体现的。苗孟琦认为红色基因是中国人民所特有的精神财富，是中国共产党引领人民在百年奋斗中产生的精神与品质。红色基因包含了艰苦奋斗的精神、无私奉献的精神、坚定为国的理想信念和为人民服务的宗旨。通过学习红色歌曲，学生可以深刻地了解中华民族历经的苦难和创造的奇迹，体悟中华民族的爱国主义、革命精神、奉献精神、艰苦奋斗精神与创造精神，激励学生传承和发展红色基因。

（2）引导学生树立正确的价值观

梁启超在《少年中国说》中指出："少年智则国智，少年富则国富，少年强则国强，少年独立则国独立，少年自由则国自由，少年进步则国进步，少年胜于欧洲则国胜于欧洲，少年雄于地球则国雄于地球。"[②] 学生的发展关系着国家的发展，引导学生树立正确的价值观是培养学生成为国之栋梁的先决条件。价值观是个人或群体对人生、对社会、对世界的信念和态度，是社会和文化环境对个体或群体的影响，也是个体或群体对社会和文化环境的回应，是引领个人行为的基本准则，具有稳定性与持久性、历史性与选择性，也具有随着社会和文化环境的变化而变化的特征。随着社会多元化的发展，学生的价值观受到诸多因素的影响，红色歌曲蕴含着科学的价值观、淳朴的思想感情、不懈的奋斗精神，有利于引导学生树立正确的价值观。

（3）提高学生的道德修养

道德是社会意识形态之一，是人们共同生活及其行为的准则和规范，代表社

---

① 李小杰，张有武. 红色基因融入高校思政工作提质增效的思考[J]. 内蒙古师范大学学报（教育科学版），2021，（2）：46-50.

② 梁启超. 少年中国说[M]. 成都：成都地图出版社，2022：10.

会正面价值取向,用于判断行为正当与否;修养通常指个人修养,是人的综合素质,包括个人认识、情感、意志、言行、习惯的涵养;道德修养是一个人通过自我反省、自我教育、自我约束、自我提升等方式,不断地提高自己的道德水平、完善自己的道德品质,从而达到更高道德境界的过程。红色音乐文化不仅可以引导学生传承和发展红色基因、树立正确的价值观,还可以提高学生的道德修养。

(4)提升学生的家国情怀

红色歌曲是直抒心意的红色音乐艺术,最能直接激发学生的家国情怀,如声乐作品《我和我的祖国》《我爱你中国》等,饱含词、曲创作者和演唱者的爱国情怀。家国情怀是主体对共同体的认可,并促使其发展的思想和理念。家国情怀的基本内涵是家国同构的共同体意识,强调重视亲情、心怀天下,与行孝尽忠、民族精神、爱国主义、天下为公等传统文化有重要联系,具有增强民族凝聚力、建设幸福家庭、增强公民意识等重要的时代价值。

二、红色歌曲融入高师音乐教育声乐教学的概述

中国社会科学院教授王伟光指出:"红色文化是在革命战争年代创造的、蕴含着丰富红色资源与厚重文化内涵的先进文化形态,要大力弘扬红色文化,让红色文化在新征程上焕发时代光芒,确保红色江山后继有人、代代相传。"[1]高等师范院校音乐教育专业人才培养目标,通常是中小学音乐教师。2022年4月21日,2022年版《义务教育课程方案和课程标准》(以下简称"新课标")由教育部印发颁布,强调了"国家和民族基本价值观""中华优秀传统文化""立德树人"等。因此,高等师范院校音乐教育专业人才培养质量关乎中国基础音乐教育的质量。

(一)红色歌曲融入高师音乐教育声乐教学的策略

高等师范院校音乐教育专业声乐课具有两种课程性质,一是专业性,二是师范性。歌唱是一种平衡运动,从无知状态下的自然歌唱到声乐学习过程中的不自然状态,再到有知状态下的自然歌唱,这仅是从歌唱技能技巧构建角度诠释声乐学科的专业性。学习歌唱技能技巧是手段,目的是形成演唱能力,能够情真意切

---

[1] 王伟光.让红色文化在新征程上焕发时代光芒[J].精神文明导刊(人大复印),2023,(7).

地传递声乐作品背后的文化内涵和思想情感。声乐作品是声乐课教学的重要载体，声乐曲目的结构和数量往往可以从某种角度体现声乐教学的质量。

声乐曲目的构成，包括中国作品和外国作品。就中国声乐曲目而言，按照体裁可分为古诗词、艺术歌曲、咏叹调等。但是，它还应该有红色音乐文化中的红色歌曲。红色歌曲是在特定历史时期形成的，是用革命历史与革命情怀谱写成的歌曲，真实的革命人物、革命事迹在音乐的烘托下具有易传唱易传播的特点。红色歌曲通常以时期、地域、内容分类。以时期分类，主要指抗日战争时期、解放战争时期、社会主义建设时期；以地域分类，主要指革命根据地，如陕北地区、赣南地区；以内容分类，主要记录真实历史事件、歌颂党和领袖、赞美人民军队和人民群众以及对生活的美好祝愿等。红色歌曲是红色音乐文化的重要组成部分，按照时期分类有《抗日将士出征歌》《到敌人后方去》《救亡进行曲》《在太行山上》《松花江上》《保卫黄河》《义勇军进行曲》《团结就是力量》《洪湖水浪打浪》《延安颂》《红梅赞》《英雄赞歌》《歌唱祖国》《祝酒歌》《边疆的泉水清又纯》《在希望的田野上》等。

1. 红色歌曲融入高师音乐教育声乐教学的必要性

红色文化教育内容需要与声乐教学内容进行深入衔接，教师在进行声乐理论知识、歌唱技能训练、表演实践教学过程中，潜移默化地对学生形成思想引领，避免出现过度地、生硬地开展红色文化教育而影响声乐教学工作。如何立足红色文化资源，从声乐教学内容和课程思政建设目标的角度，实现对红色文化资源的传承与发展，成为教师面临的一项极富意义且极富挑战性的责任和义务。

2. 红色歌曲融入高师音乐教育声乐教学的策略

（1）遵循模块体系

声乐教师可以将每一个主题视为一个独立的课程模块，依据主题知识的复杂性与重要性安排具体的学时，再将声乐教学目标细化，形成一个更全面、更具执行力的目标体系。以课程教学目标为导向，制定解读方式、训练方法、表演计划，甚至可以安排具体的教学考核方式，构建起一个独立的、完整的教学模块。

（2）加强红色歌曲内涵的解读

红色歌曲具有深厚的精神内涵与广阔的历史外延，高师音乐教育声乐教师在设计模块化教学方案、开展模块化教学活动的过程中，一定要加强对红色文化内涵的解读来培养学生的素养，内容包括红色歌曲的社会背景、创作动机、形成过程、歌词内容、精神内涵、宣传意义与艺术价值等，促使学生能够深入地、全面地了解红色歌曲背后的历史与精神，在潜移默化中形成良好的教育效果。这就要求声乐教师必须加强课前的准备，只有掌握丰富而准确的历史知识与精神内涵，才能推进红色文化教学工作的发展，实现预期的多样化课程教学目标。

（二）海南红色歌曲融入海南高师音乐教育声乐教学的策略

红色歌曲具有地域性的特点。海南红色歌曲融入海南高师音乐教育声乐教学，因为贴近当地学生的生活，所以更有利于红色文化的传承与发展。

1.海南红色歌曲融入海南高师音乐教育声乐教学的背景

海南自由贸易港的建立，是国家基于国内、国际发展大局作出的重大决定，彰显了中国扩大对外开放、积极推动经济全球化的决心。自由贸易港是对外宣传的窗口，在时代背景下传承和发展红色文化，对夯实学生的社会主义核心价值观、家国情怀、热爱和建设家乡的意识具有重要意义。现有资料中，海南地区在抗战时期的红色歌曲作品较多，解放战争时期的红色歌曲有《千军万马多海洋》《解放军来到咱黎村》《五指山歌》等，中华人民共和国成立以后的红色歌曲有《永远不忘共产党》《红军爱民不胜情》《五指山上飘红云》《毛主席来过五指山》等。由此可见，海南在不同历史时期都有歌颂中国共产党、中国人民解放军以及表达对未来生活美好向往的红色歌曲，这正是我们要传承和发展的红色基因。

2.海南红色歌曲融入海南高师音乐教育声乐教学的原则

红色歌曲具有历史性特征。从时间上，学生距离红色音乐文化产生的时间比较久远；从学习条件方面，学生在家庭生活、学校教育、社会环境中接触红色音乐文化的机会比较少，对红色音乐文化是比较陌生的。红色歌曲具有教育性特征，红色歌曲是我国红色音乐文化的重要组成部分，红色音乐文化是我国红色文化的重要组成部分，红色文化是我们传统文化的重要组成部分。通过红色歌曲教学，培养学生对红色歌曲蕴含的红色音乐文化、红色文化、传统文化知识的积累和精神的继承，在潜移默化中引导学生传承和发展红色文化是高师音乐教育声乐教学课程目标之一。

（1）贴近学生

红色歌曲除了具有自身的教育价值、艺术价值，还具有易传唱易传播的特点，基于此设计贴近学生生活的教学内容有利于拉近学生与红色音乐文化间的距离，比如选择当地的红色歌曲等。

（2）情境性教学

通过创设情境开展教学，使学生感知作品的内容、作品情感的真实性，形成的情感共鸣容易激发学生学习的内部动机，培养学生演唱能力的同时，实现音乐的教育作用。

（3）故事性教学

每首红色歌曲都有它的革命故事，通过对作品时代背景、创作背景、内容、主旨等的文本阐述、相关音视频资料的播放调动学生的好奇心，激发学生的情感共鸣，提高学生的学习兴趣。

3.海南红色歌曲《红色娘子军连歌》融入海南高师音乐教育声乐教学案例

"向前进、向前进，战士的责任重，妇女的冤仇深……"是电影《红色娘子军》的主题曲《红色娘子军连歌》中的歌词，是中国"50后""60后""70后"几乎人人都会唱的红色歌曲，是海南红色音乐文化中的经典，也是海南走向全国、走向国际的一张亮丽的红色名片，适合高师音乐教育声乐教学中级程度女高音演唱。电影描述了海南地主南霸天的丫头吴琼花不愿当奴隶，怀着仇恨参加娘子军闹革命的故事。

1961年7月12日，电影《红色娘子军》首映，在全国引起极大的轰动。1957年，中南军区创作研究室专业作家梁信从广州到海南体验生活，见到了闻名全国的红色娘子军连的老战士，他的创作灵感一下子被点燃，经过四天四夜就写出了电影文学剧本《琼岛英雄花》。后来，中南军区的领导抱着试试看的态度把剧本寄往全国各大电影制片厂"碰运气"，凭借《女篮五号》成名的谢晋导演看过剧本后当即决定拍摄，并邀请剧本原创作者梁信修改剧本，片名也由《琼岛英雄花》修改为《红色娘子军》。

1959年春，谢晋导演邀请作曲作者黄准为电影《红色娘子军》作曲。黄准是延安鲁艺培养起来的作曲家，她是著名作曲家冼星海的学生，曾为近百部电影和电视剧作曲，如 1949 年为记录开国大典的影片《新中国的诞生》配乐，还有《红色娘子军》《新儿女英雄传》《女篮五号》《燎原》《牧马人》《青春万岁》《蹉跎岁月》等；她还创作了 200 余首脍炙人口的歌曲，包括《劳动最光荣》《一支难忘的歌》《青春万岁》《敕勒歌》等。黄准在《向前进，向前进！——我的自传》中说："从水牢里被解救出来，后来成为共产党员的吴琼花；化装成富豪，打进椰林寨地主庄园，最后在熊熊烈火中壮烈牺牲的党代表洪常青；狡猾、阴险的恶霸地主南霸天；椰林寨的蛇宴、原始森林里的战斗……传奇的人物、故事和场景，令我感慨万分。"黄准答应作曲，并与摄制组、编剧梁信一起到海口体验生活，到达海口的当晚观看了向国庆 10 周年献礼的琼剧《红色娘子军》，剧中情节、音乐，尤其婉转的旋律、民族打击乐器等令她惊叹不已。黄准强调："为了写《红色娘子军》音乐，我三下海南：第一次是和导演谢晋、编剧梁信等人一起乘一架小飞机到海口体验生活；第二次是下部队看外景，到了五指山区的通扎等地，深入原始森林；第三次是随全摄制组到海南好几个点拍外景。"[①] 从 1959 年夏季筹拍、1959 年冬季至 1960 年影片通过审查，黄准走访健在的娘子军连老战士及她们当年战斗过的地方，收集海南民歌，搜集海南岛的各种音乐素材。新华社记者许晓青在专访黄准后写下的《"红色音符"激荡 50 载》一文，详细记录了黄准参与电影《红色娘子军》的创作过程。黄准回忆："那个年代没有录音机，当地的民歌手来了，我只能就着灯光，一边听、一边记，恨不得记下每一个音符、每一段旋律，有时工作到深夜，只剩下我和几个民歌手，但工作状态始终很兴奋。"[②] 有一天，黄准完成采访回到驻地，脑海中浮现出女战士英姿飒爽的形象，当即谱写了"向前进，向前进……"几个词，之后再也写不下去了。之后的某一天，她到拍摄现场看到影片中的党代表洪常青在烈火中英勇就义的场景，影片中燃烧仇恨的火焰和青春的炙热一下子点燃了黄准的创作灵感，并诞生了短促有力、浓郁深沉且富有海南风味的旋律《红色娘子军连歌》。

《红色娘子军连歌》1989 年荣获"建国 40 周年优秀歌曲奖"，1993 年荣获"20

---

① 黄准.向前进，向前进！我的自传[M].上海：上海音乐出版社，2010.
② 同①.

世纪华人音乐经典"荣誉证书。黄准回忆当年的创作时说:"我们当时创作电影歌曲,很注重吸收民间音乐精华,曲子歌词也都是经过反复修改、打磨、提炼后进行音乐语言创作。""《红色娘子军连歌》应该是一首进行曲,又不是一般的进行曲,而是海南风味的,属于妇女的进行曲。"[①]1962年,在第一届中国大众电影百花奖评选中《红色娘子军》一口气拿下最佳故事片、最佳导演(谢晋)、最佳女演员(祝希娟)、最佳男配角(陈强)四项大奖;在第三届亚非电影节上荣获万隆奖。黄准的自传《岁月的河汇成歌》道出了她的心声:"一个人不能没有奋斗精神,做工作来不得半点侥幸。"2009年,黄准被中国音乐家协会授予金钟奖终身成就奖。

1963年,中央芭蕾舞团筹排同名芭蕾舞剧,作曲主负责人吴祖强拜访黄准,她不仅同意《红色娘子军连歌》在舞剧中使用,而且还将昔日在海南采集的民间音乐素材毫无保留地提供给了剧组。1964年,中央芭蕾舞团来到海南,将《红色娘子军》搬上了芭蕾舞剧的舞台,再一次在全国刮起了"红色旋风"。据不完全统计,这部红色经典已经在中国上演了数千场次,写下了中国芭蕾史上的一段传奇。《红色娘子军》的故事先后以电影、芭蕾舞剧、现代京剧、民族舞剧、交响组曲、电视连续剧等文艺形式展现,感动了一代又一代的读者和观众,成为中国艺术宝库中的经典珍藏。毛主席对此夸赞:"革命是成功的,艺术是好的,方向是对的。"[②]2010年1月1日,中国邮政发行《中国芭蕾——红色娘子军》特种邮票,一套两枚。2014年央视春晚,芭蕾舞《红色娘子军》再回人们的视野。"向前进,向前进,战士的责任重,妇女的冤仇深。古有花木兰,替父去从军,今有娘子军,扛枪为人民……"这首红色经典歌曲将连同"红色娘子军"的不朽传奇,永远传唱。

---

① 黄准.向前进,向前进!我的自传[M].上海:上海音乐出版社,2010.
② 郭贝若.由《红色娘子军》论中国芭蕾舞剧的特色[J].音乐时空,2013,(6).

第二节 传统音乐文化的传承与发展

一、传统音乐文化融入高师音乐教育专业声乐教学的研究

（一）传统音乐文化融入高师音乐教育专业声乐教学的背景

1. 传统音乐文化的定义

传统音乐文化的内涵，需要根据不同历史时期进行具体的分析。因为受到不同历史阶段的、不同因素的影响，所以传统音乐文化内容具有一定的差异性。本书认同的传统音乐文化定义，不仅要体现传统音乐文化的具体性、历史性，还要与时俱进地对传统音乐文化定义。在中国整体文化生态体系中，任何一种文化的内涵、形式、风格都是随着社会的发展而不断地发展。因此，传统音乐文化是我国文化艺术发展史上具有较长的生命与较大的影响的音乐文化。广义上的传统音乐文化，应该是那些于历史中消逝或即将消逝的，但是又对我国音乐文化产生一定影响的音乐文化。

2. 传统音乐文化融入高师音乐教育专业声乐教学的背景

2017年1月25日，中共中央办公厅、国务院办公厅印发了《关于实施中华优秀传统文化传承发展工程的意见》，强调了优秀传统音乐文化传承与教育的必要性，在重要任务中提到目前发展民族文化的任务为"深入阐发文化精髓""贯穿国民教育始终""保护传承文化遗产""滋养文艺创作""融入生产生活""加大宣传教育力度""推动中外文化交流互鉴"。其中多次提到"教育"，可见教育教学对各民族传统音乐文化的传承与发展有重要的作用。

教育教学作为各民族传统音乐文化传承与发展的载体，在民族音乐崛起的时代背景下，应该发挥自身优势，成为各民族传统音乐文化"活起来"的沃土。高等师范院校音乐教育专业人才培养目标通常是中小学音乐教师，中小学音乐教师是中小学音乐教育的执行者，因此高等师范院校音乐教育专业应承担起各民族传统音乐文化的传承与发展的责任。声乐课是高等师范院校音乐教育专业的专业必

修课，对声乐课的教学内容进行分析，不难发现共性的、值得探究和改革的问题。例如，在经济全球化背景下，高等师范院校音乐教育专业声乐教学内容中出现了越来越多的外国声乐作品，包括德奥艺术歌曲、歌剧咏叹调等，导致中国声乐作品的空间不断被挤压，甚至缺失各民族传统声乐作品。究其原因，有客观因素，如语言因素、传唱度因素，也有主观认知不够的因素。为了有效地传承和发展各民族传统音乐文化，高等师范院校音乐教育专业声乐课融入中国各民族传统声乐作品的改革势在必行。

（二）传统音乐文化融入高师音乐教育专业声乐教学的意义

1. 传统音乐文化的价值

我国有几千年的历史，拥有灿烂的传统文化。作为优秀传统文化重要组成部分的传统音乐文化，在历史的长河中形成独具特色的价值。

（1）历史价值

传统音乐文化在漫长的发展过程中，不断吸收民族历史与人文文化，蕴含民族发展史、人文情怀、风土人情等内容。可见，传统音乐文化具有一个民族历史文化的气质，呈现该民族的思想与精神。

（2）艺术价值

音乐作为备受人们关注与认可的艺术形式，有独特的艺术感染力，蕴含极大的艺术价值。传统音乐文化同样具有艺术价值，但是随着社会的发展、文化的融合、村落的减少，各民族传统音乐文化与现代生活渐行渐远，新生代对传统音乐文化的了解也越来越少，导致各民族传统音乐文化体系趋于转型或瓦解。近年来，越来越多的传统音乐文化节目在各大媒体上不断涌现，有越来越多的人愈发关注传统音乐文化的发展，传统音乐文化蕴含的艺术价值在逐渐绽放。

（3）社会价值

随着经济全球化，全球文化交流日益频繁。我们需要更加重视传统文化的社会价值，坚定传统音乐文化的发展根基，加强对传统音乐文化的传承与发展，提高人们对传统音乐文化的认同感，提高国民的文化自信与民族自信，将传统音乐文化中的社会价值发挥到最大，为打造文化强国作出贡献。

（4）思想价值

在推进我国精神文明建设的进程中，最主要的是培养具备社会主义核心价值观的优秀人才。中国传统音乐文化中蕴含深厚的民族精神与文化底蕴，具有极高的思想价值，这与我国社会主义核心价值观具有高度的一致性。因此，推动我国传统音乐文化的传承与发展，发挥其蕴含的导向作用与规范意义，为培养年轻人的社会主义核心价值观提供重要的思想价值。

2. 传统音乐文化融入高师音乐教育专业声乐教学的重要性

传承与发展传统音乐文化首先是传统音乐文化自身发展的需要。在全球一体化时代背景下，世界各国之间的文化交流日益频繁，传统音乐文化的继承与发展是其自身发展的需要。中国传统音乐文化体现中华民族的精神，促进传统音乐文化传承与发展可以有效地提高全体国民的民族凝聚力，增强全体国民的民族认同感。其次，传承与发展传统音乐文化是构建文化强国、提高文化自信的必然选择。我国是四大文明古国之一，数千年的发展离不开对传统文化的继承与发展。传承与发展传统音乐文化是保护中华文明的发展成果，是助推中国文化的兴国战略。

（1）丰富声乐课的课程资源

我国拥有56个民族，拥有丰富的、优秀的各民族传统音乐文化资源。但是，我国高校音乐教育中常常忽视甚至缺少各民族传统音乐文化的教学内容。高等师范院校音乐教育专业声乐课的课程资源，包括线上、线下形式的外国部分和中国部分，涵盖声乐基础理论、声乐教学理念、声乐教学曲目以及声乐关联学科、交叉学科等课程资源。外国声乐教学曲目，包括不同国家经典的艺术歌曲、歌剧咏叹调、歌剧等；中国教学曲分包括古诗词、艺术歌曲、咏叹调、歌剧等。但是，独缺各民族传统声乐作品。例如，海南省的少数民族包括黎族、苗族等，本土当地民歌包括黎歌、哩哩美、儋州调声等，在教学曲目中增加这些少数民族声乐作品可以丰富高师音乐教育专业声乐课程资源。

（2）提高高等师范院校音乐教育专业声乐课的传承与发展功能

《义务教育音乐课程标准》（2022年版）中课程根本理念的弘扬民族音乐，理解音乐文化多样性部分强调："应将我国各民族优秀的传统音乐作为音乐教学的重要内容。通过学习，学生熟悉并热爱祖国的音乐文化，增强民族意识、培养爱国主义情操。"课程内容具体体现了各学段背唱中国民歌数量的要求。高师音乐教育专业人才培养目标，通常是中小学音乐教师，中小学音乐教师是各民族传统音乐文化根植在中小学音乐教育中的执行者。高等师范院校音乐教育专业声乐课堂融入各民族优秀的传统音乐文化内容，是提高高等师范院校音乐教育专业声乐课的传承与发展功能，是实现当地本土声乐作品传承与发展的有效途径。

（3）增强学生对传统音乐文化的认同感

高等师范院校音乐教育专业担负着各民族传统音乐文化传承与发展的职责，任课教师亦承担着培养各民族传统音乐文化传承人的责任。将其融入高等师范音乐教育专业，在"教"各民族传统音乐文化的同时，也在"传"各民族传统音乐文化，形成各民族传统音乐的学习氛围，于潜移默化中提高学生的学习兴趣，提高学生的文化素质、音乐素养、民族音乐文化的认同感。

3. 传统音乐文化融入高师音乐教育专业声乐教学的意义

传统音乐文化教育是美育教育的重要组成部分。"美育"，最早出现在18世纪末的德国，由德国诗人席勒在《美育书简》中第一次提出，并逐渐形成了一个比较完整的学说。"美育"有狭义与广义之分：狭义上，它是一种对美的认知、鉴赏与体悟的教育；广义上，"美育"是一种更高的水平，也可以说是一种对"完美"的不断追求。美育并不只是对人的审美能力的提高，它还是对个人情感、个人思维和个人品位的升华。

（1）传承和发展传统音乐文化的意义

我国传统音乐文化底蕴深厚，彰显了中华文化的博大精深。如今，传统音乐文化在经济全球化、世界文化大融合的背景下，不但得以延续艺术生命，而且还逐渐绽放独有的价值和魅力。传统音乐文化是中国传统文化的重要组成部分，是经过千百年积淀下的艺术智慧，记录各个民族的思想与情感。因此，传承与发展传统音乐文化对加强和完善非物质文化遗产工作具有保护意义。传承与发展传统音乐文化是一个一脉相承的过程，从民族民间传统音乐到现代音乐，虽历经变化与革新，但其独特的文化特点和音乐风格不变。这种传承与发展促使一个国家的传统音乐文化能够更加蓬勃地发展，进而促进这个国家的经济发展。例如，民族民间音乐节、音乐产业的发展，对经济发展具有促进意义。传统音乐独具特色的旋律、节奏、语言、音色等，能够激发受众者的情感共鸣。美的发现与体验不应该是强制的，而应该是通过正确、有效的引导自然而然地生成。例如，听一首古琴曲，能够让学生躁动的心安静下来，进而能够使学生发现美和体验美，感悟古人对生活的追求和对内心深沉的思考，从而启发学生对人生的领悟。因此，传统音乐文化具有教育意义。

（2）传统音乐文化融入高师音乐教育专业声乐课的意义

传统音乐文化融入高等师范院校音乐教育专业声乐课对传统音乐文化具有传承和发展的意义。高等师范院校音乐教育专业人才培养目标主要是中小学音乐教师，中小学音乐教师是中小学音乐教育的执行者。因此，在民族音乐崛起的时代背景下，高等师范院校音乐教育专业声乐课融入传统音乐文化，跨教育链条的基础教育和高等教育两个维度，对于传统音乐文化具有不可替代的、重要的传承意义。传统音乐文化融入高等师范院校音乐教育专业声乐课具有促进声乐教学改革的意义。高师音乐教育专业声乐课的教学内容，如声乐作品目录，有外国艺术歌曲和咏叹调，有中国古诗词声乐作品、艺术歌曲和咏叹调，不但缺失传统声乐曲目，而且缺失当地本土的传统声乐曲目。在世界文化融合背景下，各民族传统文化中的传统音乐文化一样，不但需要保护，而且需要传承和发展。

传统音乐文化融入高等师范院校音乐教育专业声乐课对学生具有美育的意义。传统音乐文化教育是美育教育的重要组成部分，美育从狭义上讲是一种对美的认知、鉴赏与体悟；从广义上讲是一种对更高、对"完美"的不断追求，不只是对人的审美能力的提高，也是对个人情感、个人思维和个人品位的升华。美育教育对每一个人都重要，对高等师范音乐教育专业学生尤为重要，他们正处于人生中重要的成长阶段，他们有责任承担起使自身全面发展的义务，他们是未来中小学音乐教师岗位的从业者，《义务教育音乐课程标准》（2022版）中课程设计部分明确提出：凸显音乐课程的美育功能，他们必须具备全面发展的能力，承担起岗位职责。美育，从本质上讲是一个学习者自我学习、自我提升的过程，而提升的效果依赖于是否能被情绪激发。音乐具有陶冶情操的作用，具有培养学生优秀道德品质的功能，一部好的声乐作品不但能够激发学生感受作品中蕴含的情感美、能够激发学生对美的情感的追寻,而且能够间接地提升学生的民族价值观、道德观,使其符合行为准则。

二、海南黎歌融入海南高师音乐教育声乐教学的概述

(一)教学背景

海南省是黎族人民的主要聚居地。据第六次全国人口普查结果,黎族人口有146.3064万人,其中有131.6758万人聚居在海南省,占人口总数的90%以上,主要分布在海南中南部山区,即黎母山以南与滨海地带,包括陵水、三亚、保亭、乐东、昌江、白沙、五指山、琼中等13个市县。在海南3000多年的历史中,黎族人民创造的黎族文化是海南地域文化中的重要组成部分,在我国民族文化史中占有举足轻重的地位,可追溯到我国古代"百越",其中黎族音乐是黎族文化传承的重要载体。

梳理专家、学者的相关文献,关于黎族音乐的研究按照内容分为以下五类:

第一类:关于黎族音乐本体的研究。主要对黎族音乐进行分析和归类,如张睿教授的专著《海南黎族民歌文化研究》、论文《黎族民歌的审美价值探析》等。

第二类:黎族音乐传承的研究。主要从传承中遇到的问题入手,针对问题提出相应对策,如罗晓海的论文《黎族音乐传承现状与策略研究》、郑晔与王晓平教授的论文《非物质文化遗产传承机制与梯队建设研究——以海南黎族传统音乐为例》等。

第三类:多学科结合、多视角分析的研究。主要从语言音乐学、文化生态学、人文地理学等视角进行研究,如张睿教授的论文《论人文地理学语境中的黎族"仪式化"民歌》、曹量教授的论文《符号的隐喻:语言音乐学视域下的海南黎族音乐》等。

第四类:黎族音乐与海南旅游业相结合的研究,例如董怀岩与曹时娟的论文《国际旅游岛建设与黎族音乐文化传承》、曹量教授的论文《传承黎族音乐文化与助推国际旅游岛建设的思考》等。

第五类:黎族音乐教育传承的研究。教育传承文献在海南基础教育与高等教

育中均有涉猎，如高等教育传承中的研究，有董怀岩与曹时娟的论文《成立黎族音乐班，推动黎族音乐文化传承与高师音乐教学改革》、张睿与鲁禹君的论文《四维一体模式构建地域音乐特色课程的教学研究——以"黎族合唱"为例》等；中学教育传承中的研究，有刘小宁的论文《海南黎族民歌走进中学音乐课堂的教学研究》、王翌宁的论文《黎族音乐的高中课程教学实践探索研究》等；小学教育传承中的研究缺少针对性，有陈荻的论文《海南省黎族音乐在中小学的教育现状研究》、尹航的论文《海南黎族合唱在中小学的教学现状》等；幼儿园教育传承中的研究，有张连珍的论文《少数民族民歌在幼儿园音乐活动中的运用——以海南黎族为例》。学校教育作为各民族传统音乐文化传承与发展的重要载体，应该发挥自身优势为其提供一方"活起来"的沃土。例如，2019年由海南师范大学承办，张瑞教授主持的国家艺术基金2019年度艺术人才培养项目《黎族合唱指挥艺术人才培养》，培养了近50名黎族音乐教师，不仅深入推广了黎族音乐文化，而且以合唱表演的方式推动黎族音乐文化的传播。例如，2021年3月，首届奥尔夫教学法与黎族音乐教学相结合的、面向海南省中小学音乐教师的培训于海口举行，活动突出教学方法的培训，是国外先进教学法与民族传统音乐教学融合的体现。

（二）海南黎歌融入海南高师音乐教育声乐教学的概述

1. 海南黎歌的内涵

民族歌曲即民歌、人民之歌，是各族劳动人民在劳作中创作的，表达劳动人民的思想、情感、意志、愿望等，是各民族人民生产劳动和生活实践的产物，具有深厚的历史沉淀。关于民间歌曲，周青青老师的诠释为："民间歌曲简称民歌，是劳动人民在生产和劳动中自己创作、自己演唱的歌曲。在漫长的历史发展过程中，传统民歌以口头创作、口头流传的方式生存于民间，并在流传过程中不断地经受着人民群众集体的筛选、改造、加工和提炼。因此，流传至今的民歌集结了不同时期、不同地域、不同身份、不同经历的人民群众集体的智慧和情感体验，日臻完善，成为人民思想情感表达的结晶。"[1] 在现实生活中，常会出现"民族歌曲"与"民间歌曲"混淆或不清的现象。本书认为民族歌曲包括民间歌曲，民间歌曲

---

[1] 周青青. 中国民歌 [M]. 北京：中国电子音像出版社，2000：60.

体现传统音乐文化的具体性和历史性，是在文化艺术发展史上具有较长的生命且于历史中消逝或即将消逝的歌曲。

岛屿生活使得黎族人民的性格多为温和、乐观，并逐步形成畜耕为主、狩猎为辅的生产方式，逐步形成住"船型屋"、吃"山兰稻"、喝"芭蕉酒""白沙绿茶""黎家五月茶""水满茶"、穿"黎锦布"的生活方式，通过山歌、舞蹈、织锦口传手传本民族独特的文化。自古以来，黎族人民能歌善舞，对歌、咏唱、群舞成为生活中的重要组成部分，清越的黎歌随处可以听得到，竹竿舞是常规的娱乐方式。黎族乐器多取材于随处可见的竹木及树叶。海南黎族音乐分为民歌、民歌调、器乐、器乐调、曲乐、舞乐等，黎族乐曲多由民歌曲调发展而来，如祭祀曲、贺喜曲、娱乐曲、生活劳动曲、口技曲等。

海南黎歌是海南黎族民间歌曲，包括用黎语演唱和海南方言演唱两种，通过独唱、对唱、轮唱、合唱等形式表达黎族人民的生活态度和人生价值观，是黎族文化的集中体现。黎族语言质朴、朗朗上口，只有用黎语演唱黎歌，才能感受到黎歌的韵味。黎族是有语言无文字的民族，在近千年的发展中也没有形成族内通用的语言。但是，按照方言区域又可划为五个支系，即：哈、杞、润、赛、美孚，五个支系内有小支，方言中有土语。声母最多是32个，最少是20个，有清浊、送气与不送气之分，多数土语有复辅音声母 [pl]，元音6至9个。音节韵尾有8个，分别是：-i、-u、-m、-n、-ng、-p、-t、-k。有舒声和促声两类调，最多9个，最少6个。语序为主、谓、宾，名词的定语通常在名词前面。词汇以单音节词为主，绝大多数音节有词义或语法意义。黎语的特点在于与汉语一样有声母和韵母之分，但是声母比较简单、韵母比较复杂。语序上常用倒装语法，如"白羊"说成"羊白"，且多采用赋、比、兴等修辞手法，使语言表述生动而富有想象力。演唱时，声调、声母、韵母三部组成一个完整的音节，韵母之后的符号（字母或数字）为声调。黎语的声调数量不一，最多的是杞方言，有舒声调6个，促声调3~5个，声调与声母间有着十分密切的联系。黎族的各个支系与小支系及其聚居点，都有特定的传统腔调，用这些腔调唱山歌、情歌、劈山栏歌、舂米谣、犁田歌、打硪歌、摇篮歌、叙事歌等，在音乐上起到了支系与地区的标志作用。

黎歌体裁从内容上分为：与创世神话、生存意志有关的古歌，如《黎族祖先歌》《十二月古歌》等；反映劳动生活的劳动歌，如《谁不作田谁睡眠》《五指山上搭台歌》等；与生死婚嫁等人生大事有关的仪式歌，如《出嫁歌》《摇篮曲》《请酒歌》《最亲是妈妈》《团结睦邻歌》等。黎歌的音乐特点：一是曲风明亮。黎语没有形成族内统一的语言，黎歌也没有形成统一的形态，随着地理位置的不同、发展历程的不同、民俗的不同呈现出多元化的形态特征。但是，具有某些相同的特征，如各支系方言和土语的母音都普遍使用"ao""yi""ei"这几个音节，使黎歌整体呈明亮的色彩。二是曲风悠长。黎歌的每个乐句最后，几乎都使用长音的衬词，衬词是黎歌重要的音乐表现手段，如五指山地区的黎歌，乐句最后通常使用"啰""咧""条""来""利"等韵脚，使黎歌曲风呈悠远的特征。三是散乱多变的唱调。由于历史传承的原因，黎歌中没有稳定的、系统的、科学的分类，有大量的、未形成体系的、不拘泥于单一且固定唱调的即兴编唱，在某种程度上导致黎歌以散乱多变的唱调表达黎歌的内涵。四是各支方言之间的黎歌风格大不相同。黎歌创作和传唱的主要手段是即兴编唱，黎歌发展过程中缺少各支方言间的交流，导致通过口口相传、口耳相传的黎歌在不同方言区域之间存在风格上的巨大差异。五是曲式结构相对简单。广泛运用装饰音，通过大量重复和再现强化主题、烘托情感。六是句式不固定。歌词多以五言为一句，少则两三句、多则九至十句，全凭歌者的即兴编唱，所谓"篇不定句，句不定字"正是基于这个民间规律。

2. 海南黎歌融入海南高师音乐教育声乐教学的策略

自改革开放以来，海南的自然环境、经济环境、人文社会环境发生了前所未有的变化，黎族地区的生活环境也发生了重大变化，如农村人口迁移等。信息时代的黎族新生代，有着与先辈不同的人生观、价值观，娱乐方式日益多元化，呈现新旧并举、城乡交融等特点，原有的黎族传统音乐文化土壤不断改变，黎族传统音乐受众面不断萎缩，本土性和民族性正逐渐消失。黎族是一个有语言无文字的民族，黎族传统音乐文化的传承与发展没有固定的时间、系统的教材，与社会文化活动、家庭活动存在紧密联系，多靠师徒、父子的口耳、手手相传，现在正逐渐失去"代际承袭"的对象，新老黎族音乐人才间出现断层，这给黎族音乐文化"活态传承"带来严峻的挑战。针对民族音乐等非物质文化遗产的保护，国家非物质文化遗产保护工作专家委员会主任、中国民间文艺家协会主席、中国文联副主席冯骥才曾指出："非物质文化遗产的保护主要是活态保护，物质文化遗产的保护是静态保护，活态保护的关键是传承人。"[①]海南黎族传统音乐的国家级与省级代表性传承人仅有几位，黎族民歌传承人有2位，即林玉英（女，生于1966年，省级）、王取荣（男，生于1964年，省级）；黎族竹木器乐传承人有2位，即黄照安（男，生于1955年，国家级）、邢大民（男，生于1945年，省级）。因此，黎族传统音乐传承与发展的困境急需解决。

通过调研和文献梳理不难发现，不少教育专家、学者已经意识到高等教育教学是传承和发展黎族音乐的有效方式，并取得了一些成果。例如，董怀岩与曹时娟的论文《成立黎族音乐班，推动黎族音乐文化传承与高师音乐教学改革》《黎族音乐文化传承与地方高校音乐教学改革》。例如，由海南师范大学承办，张睿教授主持的国家艺术基金2019年度艺术人才培养项目《黎族合唱指挥艺术人才培养》，培养了近50名黎族音乐教师等。《国家中长期教育改革规划发展纲要（2010—2020）》第七章"高等教育"第二十二条"优化结构办出特色"指出："发挥政策指导和资源配置的作用，引导高校合理定位，克服同质化倾向，形成各自的办学理念和风格。"国家从政策引导和资源配置角度鼓励地方高校结合当地实际情况更新办学理念，办学特色避免重复。中国艺术研究院音乐研究所所长、研究员、《中国音乐学》主编、中国音乐家协会会员张振涛指出："音乐院校是传统音乐传承的主要渠道之一。"[②]教育是人才培养和文化传承的主要渠道和有效途径，专业音乐学院人才培养目标主要是高、精、尖的国家级、国际化的专业音乐人才；高等师范院校音乐学院办学性质突出师范性。例如，海南师范大学音乐学院是师范音乐学院，人才培养目标主要是中小学音乐教师；琼台师范学院音乐学院音乐教育专业人才培养目标主要是小学音乐教师，小学音乐教师是中国传统音乐文化传承和发展的承担者，也是在中国基础音乐教育教学中传承和发展传统音乐文化的执行者。《全国普通高等学校音乐学（教师教育）本科专业课程指导方案》等

---

① 冯骥才.灵魂不能下跪：冯骥才文化遗产思想学术论集[M].银川：宁夏人民出版社，2007：72.
② 张振涛.张振涛音乐文集 响鼓重槌[M].南京：江苏文艺出版社，2017：22.

国家相关文件，鼓励地方高校"根据区域性、民族性音乐教育的要求和学校特色开设课程。"因此，黎族传统音乐文化的丰富性、现有黎族传统音乐研究成果以及国家政策，促使高等师范院校音乐教育专业声乐课融入海南黎歌的教学改革具有可行性。

高等师范院校音乐教育专业的声乐课，既具有声乐专业性和教师教育师范性，又具有民族性和地方性。海南高等师范院校音乐教育专业声乐课融入海南黎歌曲目的实施策略如下：

（1）改革声乐课程目标，重建教学大纲等教学文本

例如，教师教育专业声乐课的课程目标首先需要体现声乐理论与演唱实践能力培养的教学目标，其中包括声乐相关学科与交叉学科知识的学习要求，目标是建立系统的、科学的歌唱理念和歌唱方法，体现教师教育专业声乐课的专业性；其次需要体现声乐教育教学能力培养的教学目标，其中包括教师教育相关学科与交叉学科知识的学习要求，目标是体现教师教育专业声乐课的师范性；再次是发挥课程对中国传统音乐文化传承与发展的功能，培养学生对民族民间歌曲的演唱能力和教学能力，目标是体现教师教育专业声乐课的民族性与地方性；最后是发挥课程的价值观引领作用，培养学生的社会责任感，塑造学生高尚的教育情怀和职业精神，目标是在教师教育专业声乐课中坚定社会主义核心价值观。

（2）师资建设

师资建设有三个途径，一是培养精通现代教师教育专业声乐教学规律的在职教师学习黎歌的演唱与教学；二是聘请黎族民歌传承人为客座教授，通过对黎歌的演唱与教学使非物质文化遗产的静态传承变成活态传承；三是发挥黎族教师和学生的引领作用，营造学习黎族语言和传统音乐的氛围。

（3）教材建设

教材是学校教育教学的依据与载体，目前没有系统的、科学的、适合教师教育专业声乐课的现成教材可以使用，但是有专家、学者的黎族音乐研究成果为教材的编订提供物质基础，如符桂花主编的《黎族传统民歌三千首》、符策超主编的《中国民间歌曲集成·海南卷》、张睿主编的《黎歌·乐海》等。

海南黎歌融入海南高等师范院校音乐教育专业声乐课的改革，是根据区域

性、民族性音乐教育要求进行的改革，有利于非物质文化遗产黎族民歌的传承与发展；有利于推动高等师范音乐教育教学的改革。琼台师范学院音乐学院音乐教育专业的人才培养目标，主要是小学音乐教师。这里有专业的师资团队、较好的设施、完善的教师教育专业音乐人才培养模式、难得的黎族生源、明显的地缘优势。首先是琼台师范学院地处海南省省会海口市，为深入黎族地区开展调研和采集相关资料、为聘请黎族民歌传承人、为组织黎族传统音乐文化学术研讨会等提供了便利；其次是琼台师范学院音乐学院音乐教育专业的专业定位是师范性，对黎族传统音乐文化传承与发展具有历史责任和不可替代的优势。最后是海南黎歌融入琼台师范学院音乐教育专业声乐课除了具有上述意义，还有利于填补海南小学音乐教育对黎族民歌传承的空白，解决黎族音乐在基础音乐教育教学中的断层问题。

3. 海南黎歌《捡螺歌》融入海南高师音乐教育声乐教学案例

（1）《捡螺歌》的创作背景

2011年1月，作曲家刘晓耕先生应姜和先生的邀请来海南采风，收集到许多黎族民歌。其中，黎族歌手黄婷丹演唱的《捡螺歌》使作曲家百听不厌，据说是由海南番茅村的民间艺人王照灵收集、整理和创作，是一首带有爱情色彩的劳作黎歌。

（2）《捡螺歌》的调式特征

《捡螺歌》采用多段体调式，主体部分为A宫调式，完全终止处为下行四度的E徵调式，半终止处为下行三度的F#羽调式，主题变奏处加入原生态的人声，调式则加入主持续音的B角调式，通过人声的降调和滑音使民族调式加入了黎族语音的特点。

《捡螺歌》的旋律以五声调式中的徵调式和羽调式为主，唱腔为民歌调。海南黎语各支系的主要传统唱腔，包括以下几种：

①啰呢调，是杞黎流行的唱腔，抒情性强、节奏从容、旋律舒畅，因曲首采用衬词"啰呢"而得名，多用海南话（汉语）演唱，如《五指山歌》《建瓦房》。

②哎哎调，又称"保城调"，流行于保亭一带，歌词有黎语五字句与海南话七字句两种，除曲首呼唤句以外还有四个乐句，如《穷人歌》。

③五弓调，有短调和长调之分，歌词用海南话七字句，曲体是上下句结构反复而成，如《有心捉鱼不怕冷》。

④少中娃，海南黎族的重要唱腔，曲首先唱"少中娃"的衬词，意为两人唱，歌词用黎语五字句，通常为两人齐唱，但是句间的落音有时唱成一个和声音程，如《篱笆桩儿围拢来》。

⑤摇篮歌，黎语各支中都有，但是保城地区的摇篮歌可以用在女巫跳神时演唱，歌词用黎语五字句，如《睡吧，好宝贝》。作曲家在确保黎族原生音乐风格的基础上，将黎族母语作为创新的核心，通过节奏化、音响化的设计将短小的语言与旋律融合在一起，勾画出海南绮丽的生活画卷。

参考文献

[1] 郭蓓.声乐教学与表演艺术[M].长春：吉林出版集团股份有限公司，2020.

[2] 房玉鑫，郭冬冬.声乐艺术与声乐教学研究[M].长春：吉林人民出版社，2019.

[3] 姚尚新，严伊娜.高校声乐教学研究[M].北京：北京工业大学出版社，2018.

[4] 王恒华.声乐教学与舞台表演[M].长春：吉林美术出版社，2018.

[5] 朱宏昆.声乐教学思想与实践[M].长春：吉林美术出版社，2018.

[6] 董鹏.声乐教学与文化修养[M].北京：九州出版社，2018.

[7] 高婧.声乐艺术教学散论[M].长春：吉林出版集团股份有限公司，2022.

[8] 王瑛.浅析声乐艺术脉络[M].成都：四川大学出版社，2019.

[9] 林玉坤.中国民族声乐艺术文化的传承发展与创新研究[M].长春：吉林大学出版社，2019.

[10] 魏慧莉.创新视角下声乐教学艺术与方法研究[M].北京：北京工业大学出版社有限责任公司，2019.

[11] 柏银星，陈工.浅谈歌唱艺术[M].苏州：古吴轩出版社，2011.

[12] 曹文海.声乐教学法[M].重庆：西南大学出版社，2010.

[13] 陈华，鲜惠珊，刘兵.声乐[M].北京：北京师范大学出版社，2011.

[14] 丁凯.声乐教程[M].北京：科学出版社，2010.

[15] 靳晓莉.声乐艺术概论[M].济南：山东人民出版社，2011.

[16] 李晋玮，李晋瑗.沈湘声乐教学艺术[M].北京：华乐出版社，2003.

[17] 李维波.声乐杂谈[M].北京：中央音乐学院出版社，2011.

[18] 刘晶秋.声乐概论[M].北京：中国农业科学技术出版社，2012.

[19] 沈湘.沈湘声乐教学艺术[M].上海：上海音乐出版社，1998.

[20] 石惟正.声乐学基础[M].北京：人民音乐出版社，2002.

[21] 王次照.音乐美学新论[M].北京：中央音乐学院出版社，2003.

[22] 夏滟洲.中国近现代音乐史简编[M].上海：上海音乐出版社，2012.

[23] 杨立岗.声乐教学法[M].上海：上海音乐出版社，2007.

[24] 伊鸿书.中国古代音乐史[M].北京：中央音乐学院出版社，2011.

[25] 喻宜萱.喻宜萱声乐教学艺术[M].北京：华乐出版社，2004.

[26] 肖黎声.声乐理论基础[M].上海：上海音乐学院出版社，2014.

[27] 臧一冰.中国音乐史[M].武汉：武汉大学出版社，2011.

[28] 邹长海.声乐艺术心理学[M].北京：人民音乐出版社，2000.

[29] 刘琼，王丽英，孙国强.实践视域下的声乐艺术教学及其改革研究[M].上海：上海交通大学出版社，2017.

[30]Lynn S.Lippert.Clinical Kinesiology and Anatomy[M].北京：北京科学技术出版社，2020.

[31]Edwin E.Gordon.Music Learning Theory[M].上海：上海音乐出版社，2022.

[32] 杨凡.少数民族传统音乐文化发展路径——评《我国少数民族音乐资源的保护与开发研究》[J].中国高校科技，2020（11）：113.

[33] 赵塔里木，樊祖荫，徐天祥.我国少数民族音乐资源保护与开发的对策研究[J].中国音乐，2015（1）：10-18.

[34] 孙珂.启发式教学在高校学前教育专业声乐教学中的应用分析[J].大众文艺，2023（5）：151-153.

[35] 宋阳，孙欣.高校声乐教学中传统音乐文化的融合探析[J].戏剧之家，2023（4）：121-123.

[36] 李丽丹.新时代高校声乐教学的发展和创新探索[J].绥化学院学报，2023，43（2）：127-129.

[37] 董颖.混合式声乐教学模式的探索研究[J].艺术评鉴，2023（1）：127-131.

[38] 胡珊珊.高校声乐教学模式的改革与创新研究[J].戏剧之家，2022（35）：90-92.

[39] 华芳.声乐教学中视唱练耳的作用分析[J].艺术评鉴，2022（21）：137-140.

[40] 林钦. "互联网+"时代下高校声乐教学体系改革研究 [J]. 戏剧之家, 2022（31）: 163-165.

[41] 王丽英. 从多维度探讨声乐艺术 [J]. 艺术大观, 2019（4）: 87-88.

[42] 吕序宁. 浅谈普通高校声乐教学中学生表演能力的培养 [J]. 艺术评鉴, 2022（19）: 141-144.

[43] 陈丹华. 声乐演唱中的审美想象与情感表现 [J]. 大众文艺, 2017,（3）: 171.

[44] 陈俊花. 声乐演唱中的心理调控初探 [J]. 戏剧之家, 2017,（4）: 85, 87.

[45] 高蕴宁. 声乐演唱中心理素质探析 [J]. 戏剧之家, 2017（3）: 62-63.

[46] 李鑫. 想象在声乐艺术中的作用 [J]. 戏剧之家, 2017,（7）: 95-96.

[47] 梁辉民. 心理素质对声乐表演的影响 [J]. 黄河之声, 2017,（2）: 104.

[48] 刘丹. 分析心理素质对声乐演唱的影响 [J]. 音乐时空, 2015（10）: 121.

[49] 刘志华. 声乐教学中歌唱心理的调控与培养探究 [J]. 陕西教育（高教）, 2017,（2）: 13, 15.

[50] 王丽英. 高职高专音乐教育专业建设的实践与探索 [J]. 智库时代, 2017（7）: 71-72.

[51] 马岚. 论民族声乐演唱中的咬字与吐字 [J]. 戏剧之家, 2016,（10）: 108.

[52] 孙继南. 中国近现代音乐教育史纪年（续二）[J]. 星海音乐学院学报, 1995（Z1）: 107-114, 119.

[53] 徐卉. 歌唱中的情绪与情感 [J]. 音乐创作, 2016,（8）: 183-184.

[54] 王丽英. 五年一贯制高职高专音乐教育之声乐教学法 [J]. 北方音乐, 2016（3）: 163, 165.

[55] 曾辉艳. 浅谈歌唱表演的创造性 [J]. 科技信息, 2008,（22）: 219.

[56] 曾玮莎. 浅谈高校声乐教学创新 [J]. 文艺生活·文艺理论, 2009（5）: 29-30.

[57] 张晓红. 高师声乐教学模式的改革——开放式教学模式 [J]. 艺术探索, 2001（6）: 32.

[58] 田婧. 浅论声乐声部的划分 [J]. 黄河之声, 2011,（18）: 114-115.

[59] 黄钟. "过渡声区"及其训练 [J]. 武汉音乐学院学报，1996，（3）：65-68.

[60] 徐起飞. 对歌唱共鸣的再认识 [J]. 宁波大学学报（教育科学版），2004（4）：100-102.

[61] 周娟娟. 声区过渡及其技巧训练 [J]. 交响——西安音乐学院学报，2004（3）：52-54.

[62] 刘丹. 分析心理素质对声乐演唱的影响 [J]. 音乐时空，2015（10）：121.

[63] 赵华. 浅析美声歌唱中的头腔共鸣 [J]. 黄河之声，2008（14）：42-43.

[64] 李娜，姚文豪. 歌唱中呼吸的动态平衡及其重要性 [J]. 艺术研究，2021（1）：138-139.

[65] 方迪星，杨帆. 高师音乐专业声乐教材使用状况调查与研究——以湖北科学院音乐学院为例 [J]. 湖北科技学院学报，2022（2）：106-110.

[66] 王丽英，孟楠. 基于SPOC理念的高师声乐教学多元化思考 [J]. 艺术家，2022（6）：59-61.

[67] 白艳. 红色音乐文化的意蕴探究 [J]. 中学政治教学参考，2020（9）：94-96.

[68] 蔡麟. 浅谈红色音乐文化发展的当代价值 [J]. 北方音乐，2012（3）：32-33.

[69] 解超颖. 民间红色音乐文化价值刍议——以临沂地区代表性民间音乐为例 [J]. 大家，2012（10）：94.

[70] 张卉雨，肖雄. 海南黎族民歌演唱中的吐字特点研究 [J]. 艺术品鉴，2017，（3）：283.

[71] 上海音乐学院科研处. 2020年国家社科基金艺术学重大项目《中国红色音乐文化传播研究》成功开题 [J]. 音乐艺术（上海音乐学院学报），2020（4）：191-193.

[72] 张红蕾. 红色音乐文化与课程思政融合的实践研究 [J]. 文化创新比较研究，2021（5）：116-119.

[73] 蔡麟. 红色音乐文化的特性及未来发展思考 [J]. 广西社会科学，2012（2）：186-188.

[74] 兰一立. 红色音乐融入高校思想政治教育研究 [J]. 四川戏剧，2022（1）：124-126.

[75] 韩晋松. 新时代红色音乐文化的意蕴研究 [J]. 艺术评鉴, 2022（17）: 64-67.

[76] 赵乐. 见证时代的经典旋律《娘子军连连歌》[J]. 好歌印记, 2012（1）: 56-59.

[77] 董怀岩, 曹时娟. 黎族音乐文化传承与地方高师音乐教学改革 [J]. 海南师范大学学报（社会科学版）, 2013（5）: 129-132.

[78] 董怀岩, 曹时娟. 成立黎族音乐班, 推动黎族音乐文化传承与高师音乐教学改革 [J]. 戏剧之家, 2011（8）: 76-78.

[79] 郑晔, 王晓平. 非物质文化遗产传承机制与梯队建设研究——以海南黎族传统音乐为例 [J]. 海南师范大学学报（社会科学版）, 2021（3）: 100-105.

[80] 黄晨. 海南黎族母语民歌与曲牌音乐文化的发展和思考——以海南黎语民歌合唱作品《捡螺歌》中语言与音乐要素为例 [J]. 影音舞蹈, 2023（5）: 17-20.

[81] 王丽英, 刘丽梅, 詹志军. 从小学音乐教学谈高师音乐教育人才培养 [J]. 牡丹, 2019（7）: 147-149.

[82] 赵常谷. 声乐演唱中的二度创作研究——以四川民歌《槐花几时开》为例 [J]. 艺术科技, 2023（3）: 74-76.

[83] 王丽英. 从"建立在自然科学基础上的歌唱方法是最科学的"说起 [J]. 智库时代, 2019（7）: 188, 190.

[84] 周迪. 新时期网络声乐教学前景探究 [D]. 西安: 西安音乐学院, 2022.

[85] 李雨婷. 新媒体在声乐演唱教学中的运用研究 [D]. 西安: 西安音乐学院, 2022.

[86] 金雨奇. 声乐教学的传统模式与线上模式之比较研究 [D]. 西安: 西安音乐学院, 2022.

[87] 杨安谛. 德彪西艺术歌曲教学现状调查及实践研究 [D]. 长春: 东北师范大学, 2022.

[88] 王瑞仪. 声乐训练中声乐教学语言引导研究 [D]. 长春: 东北师范大学, 2022.

[89] 骆星星.从生理与心理视角研究声乐教学中的情绪调控[D].武汉：武汉音乐学院，2022.

[90] 陈佳.声乐教学中花腔女高音演唱技巧的运用探究[D].成都：四川音乐学院，2022.

[91] 上佳怡.声乐教学中学生审美能力的构建研究——以歌剧《女人心》中咏叹调《爱情是个小偷》为例[D].西安：西安音乐学院，2021.

[92] 刘源."声乐心理学"在演唱和教学中的应用探究[D].呼和浩特：内蒙古师范大学，2021.

[93] 姜楠.民族与美声教学方法相融合的研究[D].长春：吉林艺术学院，2020.

[94] 文萍.海南红色音乐在高中音乐教学中的实践研究[D].海口：海南师范大学，2023.

[95] 朱亚楠.红色音乐文化的教育与传承——以照金北梁红军小学为例[D].西安：西安音乐学院，2020.

[96] 王罂宇.黎族音乐的高中课程教学实践探索研究[D].海口：海南师范大学，2021.

[97] 苗孟琦.红色基因促进小学生思想品质教育研究[D].太原：山西财经大学，2019.

[98] 杜昱玮.红色歌曲在高校思想政治教育中的作用探究[D].长春：吉林大学，2019.

后 记

人生总是有那么多值得珍惜的机会，例如读到一本好书的机会、遇到一位良友的机会、得到一次学习的机会，我珍惜之至！

在此，我感谢给予我支持的老师、家人和良友！还要感谢海南省高等学校教育教学改革研究项目（项目号：Hnjg2023-132）的支持！